Consejos para pasar de empleado a Freelancer

Una guía práctica para trabajar bajo tus términos y condiciones

Consejos para pasar de empleado a Freelancer

Una guía práctica para trabajar bajo tus términos y condiciones

Gusmar Carleix

© Derechos de autor 2020 por Gusmar Carleix
Todos los derechos reservados.

Este documento está orientado a proporcionar información exacta y confiable respecto al tema en cuestión. La publicación es vendida con la idea de que el editor no está obligado a prestar servicios calificados, oficialmente permitidos o rendir cuentas de otra manera. Si algún asesoramiento es necesario, ya sea legal o profesional, debe ser ordenado a una persona con experiencia en la profesión.

De una Declaración de Principios la cual fue aceptada y aprobada igualmente por un Comité del Colegio de Abogados de los Estados Unidos y por un Comité de Editores y Asociaciones.

De ninguna manera es legal reproducir, duplicar, o transmitir cualquier parte de este documento, ya sea por medios electrónicos o en formato impreso. La grabación de esta publicación está estrictamente prohibida y cualquier almacenamiento de este documento no está permitido a menos que tenga el permiso por escrito del editor.

Contenido

Antes de comenzar	9
Capítulo 1	
Mitos del trabajo freelancer Vs. Verdades	11
Tendré más tiempo libre / Al principio debes invertir mucho tiempo	14
Trabajaré desde donde quiera / Sí, pero establécete rutinas	17
Generaré ingresos ilimitados / Solo en la medida que crees un sistema	19
Seré mi propio jefe / Tendrás que identificar tu cliente ideal y lleva tiempo	22
No necesitaré invertir / Necesitarás herramientas e invertir en capacitación	24
Capítulo 2	
Claves para iniciarte como freelancer	29
Reconocer tus habilidades / competencias / talentos	33
Apoyarte en una plataforma	36
Enfócate en un servicio y un tipo de cliente ideal	40
A modo de conclusión	43

Capítulo 3
Dejar o no dejar el trabajo, he ahí el dilema   **45**
Necesitas formular una propuesta única de valor   48
Invierte tiempo y energía inteligentemente   51
Prepárate para el futuro a mediano plazo   54

Capítulo 4
El momento del salto   **57**
Iguala tus ingresos como freelancer a tu salario fijo   59
Ejercita tu mentalidad   62
Establece hábitos de éxito   64

Capítulo 5
La hora del siguiente nivel   **77**
Crea tu página de servicios   79
Reúne un equipo para la prestación del servicio   81
Invierte en atraer más clientes a tu página   84
de servicios

Capítulo 6
Recomendaciones finales   **89**
Enfoque, enfoque, enfoque   91
Capacidad de espera   93
No te pongas límites   94
Inversión inteligente   95

Antes de comenzar

Te doy la bienvenida a las páginas de este libro.

Mi nombre es Gusmar Carleix, soy escritor venezolano. Para la fecha de publicación del libro llevo dos años y medios viviendo en Medellín, Colombia. Tengo un equipo de 12 personas a las que lidero como parte de mi negocio, presto servicios a través de mi página web: www.gusmarsosa.com

¿Por qué te comento lo anterior?

Porque quiero que sepas que todo lo que te comparto en este libro está basado en mi experiencia, me ha dado resultado y estos mismos principios los he compartido con personas que han formado parte de mi equipo de trabajo y hoy están construyendo sus emprendimientos.

Si googleas mi nombre, te darás cuenta que he tenido más de una docena, casi el doble, de logros a nivel literario, también he posicionado mi negocio como Copywriter y Ghostwriter: https://www.gusmarsosa.com/servicio-escritor-fantasma/

Espero disfrutes el contenido que te presento, y lo lleves a la práctica para comenzar a construir las bases de tu futuro ideal.

Capítulo 1
Mitos del trabajo freelancer Vs. Verdades

Los tiempos han cambiado. Nadie puede cuestionar una verdad que se manifiesta cada nuevo día en muchas dimensiones distintas. Es cierto que cada ser humano, desde sus especificidades, está rodeado de un conjunto de realidades objetivas que conforman su vida. No solo en el ámbito personal, social o romántico, también en todo lo tocante a lo profesional y laboral. El hecho de haber reconocido esta naturaleza totalmente cambiante es lo que me ha provisto de un motivo para la construcción de este libro. Un libro en el que quiero hablarte de mi experiencia personal, por supuesto, y de cómo fui capaz de dar el salto hacia un nuevo estilo de vida mucho más satisfactorio desde todos los puntos de vista.

Una de las razones por las que alguien no se siente capacitado de dar el paso definitivo hacia su libertad e independencia financiera radica en un sistema de creencias que proviene de mucho tiempo atrás, en nuestra crianza (en algunos casos) o en el poder de influencia que ejerce la sociedad sobre nosotros al dictaminar esquemas profesionales y económicos generalizados, que no toman en cuenta la individualidad de cada persona. Esto, en consecuencia, nos encierra en una especie de cárcel cuyos barrotes están conformados por lo establecido. Aquello que, por tradicional, consideramos como la única opción factible. He aquí uno de los errores de base que propician que tanto tú como muchas otras personas en el planeta terminen adaptándose a un cuadro limitado y finito: ser empleado.

El proceso que lleva a romper con este paradigma no siempre es rápido e intempestivo. No siempre funciona como una iluminación de la providencia. En la mayoría de los casos es un proceso arduo, paulatino, que requiere cierta capacidad de apertura por parte del individuo en cuestión para identificar e interpretar los cambios que se suceden sin descanso dentro del mundo en el que habitamos. Tal fue mi experiencia, de la que te quiero hablar.

Hace algunos años, cuando aún vivía en mi ciudad natal, trabajaba en una tienda de tecnología. Una tienda que comercializaba computadores y otros dispositivos tecnológicos. Por lo tanto, mi mapa mental del dinero estaba íntimamente asociado a un esquema rígido, tradicionalista, que no me permitía ver más allá. Para alguien que es consciente de sus capacidades, estar en esta situación resulta especialmente incómodo, cuando no doloroso. Después de todo, ¿por qué desperdicio mi talento? ¿Nací para vivir de un sueldo fijo, generalmente no establecido de acuerdo a mis propios méritos? ¿Qué me impide vivir de lo que me apasiona? Estas eran algunas de las preguntas que me hacía cada noche, poco antes de irme a dormir.

Preguntas que se mezclaban, a su vez, con una situación económica precaria, compleja, con más rojos que verdes en mis balances personales. Una pulsión me acompañaba cada nueva jornada laboral: algo estoy haciendo mal. O, directamente, ¿qué es lo que no estoy haciendo? Las interrogantes suponen un punto de encuentro con nosotros mismos, con ese yo que a menudo se pierde en las dinámicas del día a día. Porque, aunque no se dice, es muy fácil familiarizarnos con el esquema de trabajo tradicional precisamente porque no supone un esfuerzo por nuestra parte. Lo que tenía claro es que no me sentía nada cómodo en esa posición pasiva. Yo quería más. Estaba consciente de que podía lograr más. Entonces, ¿qué me detenía?

Hubo momentos en que di algunos pequeños pasos hacia la independencia financiera. Algunos emprendimientos, desde luego, que si bien no prosperaron en el tiempo me dieron una idea lo suficientemente clara de que ese sería mi mundo. Llegado el momento de plantearme más preguntas, entendí que todos esos esbozos de emprendimientos no llegaron a buen término por una razón profunda y sencilla al unísono: la mentalidad.

Mis acciones emprendedoras no tenían la chispa, la mentalidad, el enfoque de una persona lista para la victoria. Es fácil deducir esto con el tiempo, pero para tu facilidad te ahorraré el trabajo: no me fue tan bien como esperaba porque seguía con el chip mental del empleado. Era como si inconscientemente esperase que el emprendimiento no resultara para retornar a la cálida comodidad de mi empleo con sueldo fijo. Este es el error que más rápidamente destruye una idea, y cuán terrible es reconocer que ese error proviene de nosotros mismos y no de circunstancias externas.

Las deudas se acumularon, las inseguridades también, pero allí estaba mi sueldo fijo para calmar cualquier atisbo de desesperación. Desafortunadamente no existe una alarma configurada para alertarnos cuando estamos actuando desde la comodidad y no desde el desafío. Esta es la principal diferencia entre un freelacer exitoso y alguien que intenta ser emprendedor sin demasiada fortuna.

En las páginas que leerás a continuación, te enseñaré algunas de las pautas que me permitieron dar el salto definitivo hacia el mundo del freelance. Pautas y enfoques que, puestos en perspectiva, hablan de arrojo, de acción activa, de esperanza en tus capacidades como individuo. Es imprescindible que desmitifiques tu idea del freelance. Para ello, he dispuesto una serie de mitos y sus respectivas verdades que te ayudarán a entender cómo funciona este maravilloso mundo. Una vez que te hayas hecho consciente de esto, te aseguro que tomarás decisiones orientadas a fortalecer los espacios para tu libertad creativa y financiera. Elementos esenciales en todos los ganadores. Bienvenido, pues, al primer paso para deshacerte del grillete que te imposibilita moverte según tus propios criterios y expectativas.

Tendré más tiempo libre / Al principio debes invertir mucho tiempo

La posibilidad de ser el dueño absoluto de tu tiempo es una de las razones más atractivas por las que tantas personas han soñado, al menos una vez, con tener un emprendimiento. Todos queremos disponer del tiempo suficiente para disfrutar de la vida, pasar tiempo de calidad con nuestros seres queridos, viajar a cualquier país de ensueño, conocer lugares maravillosos dentro de nuestra propia ciudad, estudiar lo que siempre hemos querido estudiar. El tiempo es el recurso definitivo. Por lo tanto, se hace evidente que todos añoramos disponer de nuestro tiempo con la libertad suficiente para hacer todas aquellas acciones o metas con las que hemos soñado.

En cierto modo, es correcta la premisa de que un freelancer que juega bien sus cartas conseguirá, eventualmente, tener más tiempo libre para dedicarlo a lo que quiera. En honor a la verdad debo decirte que para llegar a este resultado tendrás que hacer un esfuerzo encomiable, sobre todo durante las primeras etapas de tu proceso de emprendimiento. Quizá te resulte irónico, pero una de las claves para alcanzar este propósito desde el freelance es, precisamente, invertir mucho tiempo. Es bien sabido por todos que la independización económica y laboral supone, por sí misma, un gran esfuerzo por parte de los involucrados. Partiendo, claro está, del supuesto de que este emprendimiento sea parte de una sociedad y no como un ejercicio individual.

Cuando tomas la decisión de dar el salto hacia el emprendimiento, debes tener en cuenta que los primeros meses serán de un esfuerzo superlativo. Contrario a lo que suele creerse, trabajarás incluso más que cuando cumplías horario de 50 horas semanales en una oficina. Conviene, pues, aceptar esta realidad para que no te tome por sorpresa cuando llegado el momento te des cuenta de que no tienes tanto tiempo libre como habías soñado. En la medida en que te hagas consciente de esto, mantendrás el enfoque correcto en todo momento, lo que en consecuencia redundará en una motivación tan sólida como el acero.

En mi experiencia personal, tuve que dedicar el doble de tiempo a labores inherentes a mi emprendimiento. Invertí todo tipo de recursos (logísticos, enérgicos, económicos) a formarme, a estudiar todo aquello que pudiera ayudarme a consolidar una idea lo suficientemente atractiva como para orientarla hacia mis potenciales clientes. Además, me inscribí en talleres, simposios y cursos para perfeccionar mis habilidades y destrezas. Al término de cada semana estaba tan agotado como nunca. Es cierto que al principio esto puede ser muy duro, pero si eres consciente de que el compromiso y la responsabilidad son atributos medulares en todos los individuos exitosos, entonces sabrás que el sacrificio del presente se verá reflejado en los resultados futuros.

En este sentido, mi recomendación es que interiorices el hecho de que para alcanzar la independencia creativa y financiera deberás hacer muchos sacrificios, dentro de cuales está el tiempo invertido para darle forma al emprendimiento en el que decidas participar.

¡Pero no te desmotives! Tendrás tanto tiempo libre como jamás has imaginado, solo que cada cosa en su tiempo y su momento. Si ser freelancer fuese tan sencillo como arrojar una piedra a un lago, no existirían los esquemas laborales tradicionales de sueldo fijo y 50 horas semanales. Piénsalo, ¿existe algo que realmente valga la pena y que se obtenga con tanta facilidad? La verdad es que el freelance es un mundo maravilloso, que te traerá tantos beneficios como creas posibles, pero te exigirá una entrega y un compromiso absolutos antes de apreciarlos. Después de todo, ¿tienes una idea de cuán difícil resulta para alguien encontrar una perla en el mar? Antes deberá, lógicamente, invertir muchas horas para hallar la ostra indicada, esa que le dará una piedra preciosa. Una vez hallada la hermosa perla, los sacrificios adquieren un sentido especial.

Trabajaré desde donde quiera / Sí, pero establécete rutinas

Otra de las atracciones principales del mundo freelance es que nos ofrece la oportunidad de trabajar desde donde queramos. Son pocas las empresas que, en la actualidad, han adaptado sus esquemas laborales a los nuevos tiempos. El teletrabajo, por ejemplo, ha ganado muchos adeptos en los últimos años. Algunos estudios han demostrado que la productividad en un entorno laboral en el que se da una rotación entre trabajo presencial y virtual tiende a mejoras significativas. Las nuevas tecnologías tienen mucho que ver en esta tendencia corporativa de ofrecer la opción del teletrabajo a sus colaboradores. Y es, en definitiva, una señal inequívoca de que las circunstancias fluctúan de una manera tan violenta e impredecible que la adaptabilidad ha pasado a ser un atributo no solo de éxito sino de supervivencia para las grandes, medianas y pequeñas corporaciones.

En efecto, como freelancer te puedo garantizar que es posible trabajar desde donde queramos. Cierra los ojos por un momento y piensa en la siguiente escena: estás en una cabaña preciosa que se encuentra en medio de un bosque, en ese país al que siempre has querido ir. Se escucha el sonido del follaje que rodea la casa, este es zarandeado por un viento suave y frío. En los altavoces de la sala escuchas a tu artista favorito, tomas un té caliente y lees una de esas novelas de espionaje que tanto te fascinan. Sientes una tranquilidad casi absoluta porque estás donde tantas veces te visualizaste. Una sensación que no se romperá por nada del mundo porque, aunque estás donde siempre has soñado, tienes la posibilidad de seguir generando ingresos, posición, estatus. Esto no es una contradicción. Será posible solo si actúas con determinación y enfoque. Incluso si estás en una montaña de alguna ciudad canadiense, o en alguna playa de Uruguay, dispondrás de todas las herramientas necesarias para seguir consolidando tu proyecto independiente.

Ahora bien, este ejercicio que te he pedido no tiene ninguna razón específica más allá de demostrarte la viabilidad de trabajar desde cualquier punto del planeta cuando se es un freelancer posicionado, exitoso y con visión de victoria. Sin embargo, necesitarás algo, una pequeña llave de oro que te abrirá todas las puertas que jamás habrías imaginado. ¿Tienes alguna idea de cuál es esta llave vital? La planificación. Conforme establezcas rutinas de trabajo claras, desde la priorización inteligente y práctica, podrás gestionar todos los proyectos en los que estés trabajando sin que existan incongruencias o retrasos en los tiempos de entrega. Recuerda que, antes de llegar al punto del ejercicio que te planteé en el párrafo anterior, es menester que trabajes concienzudamente. No se llega a la cima de la noche a la mañana.

Los hombres y mujeres más exitosos en el mundo son expertos en la planificación. Entienden cada jornada como una serie de oportunidades para dar pasos significativos hacia la concreción de sus objetivos. Muchos de ellos han dedicado sus vidas al tema de la organización y planificación del tiempo para un uso óptimo. Otros se valen de herramientas tecnológicas o aplicaciones para facilitar este tema tan apasionante como transformador.

De manera que cada pequeño espacio de tu tiempo de trabajo independiente deberá, así mismo, estar considerado en un plan de trabajo donde establezcas rutinas para cada cosa. Recuerda que un freelancer no vive de un solo proyecto; está constantemente sumergido en muchos desafíos profesionales, por lo que disponer de un esquema adecuado para el uso de cada recurso (el tiempo incluido) es una herramienta de valor para garantizar entregas inmediatas y, en consecuencia, clientes felices que contarán contigo para futuros proyectos.

Generaré ingresos ilimitados / Solo en la medida que crees un sistema

El colosal auge del movimiento freelance se debe, en parte, a que es una posibilidad concreta de generar muchos ingresos. Seamos sinceros, todos necesitamos dinero para cubrir nuestras necesidades básicas, para darle a nuestros seres queridos una calidad de vida óptima, para sentirnos autorealizados como individuos. No tiene ningún sentido negar la importancia del dinero en los tiempos que corren, donde la competitividad se ha tornado impredecible y voraz en muchos casos. Los profesionales del presente han entendido a la perfección esta realidad. De manera que, como lo habrás notado, cada vez son más las personas que buscan en el freelance un estilo de vida que le permita crecer tanto profesional como financieramente.

Si buscamos una respuesta rápida que nos ayude a entender este crecimiento del mundo freelance, el dinero es una buena explicación. Desde mi posición, como freelancer consolidado, te garantizo que es posible generar ingresos ilimitados. Pero si algo he aprendido a lo largo de estos años de camino es que nada viene por sí solo. Si queremos resultados, es necesario que salgamos a buscarlos. De lo contrario, el esfuerzo de salir de la zona de confort se irá por el caño. Quiero ser muy sincero contigo: no es posible generar ingresos significativos si no creas un sistema lo suficientemente robusto como para que tus expectativas y las de tus clientes vayan alineados hacia un propósito común. Los especialistas del freelance que han alcanzado las cimas de sus respectivas carreras nos enseñan que el compromiso y la entrega son determinantes. Sin embargo, también es importante tener una mentalidad de estratega. Esto significa apreciar todos los escenarios con ojo crítico, desde múltiples perspectivas, teniendo así un panorama mucho más claro de la situación por enfrentar.

No tiene ningún sentido negar la importancia del dinero en los tiempos que corren, donde la competitividad se ha tornado impredecible y voraz en muchos casos.

Pero, ¿en qué consiste esto de crear un sistema? Antes de responder a esta pregunta te quiero plantear otra interrogante: ¿comprendías tu rol como empleado en la última empresa para la que trabajaste? Es posible que, para responder a esto, apeles a los manuales del último cargo que desempeñaste. No cometas el error de asociar "propósito del cargo" con "rol del cargo". El propósito es lo que la empresa espera que logres al cumplir tus actividades diarias. El rol, por otro lado, significa la función específica del cargo en todo el gran engranaje de la corporación. Por lo tanto, estuviste jugando las cartas que te ofrecía el sistema de la empresa. Trabajabas para el sistema empresarial. Lo que un freelancer hace es crear su propio sistema de funcionamiento para la concreción de sus objetivos.

Crear un sistema, dándole continuidad al tema, es establecer pautas claras, precisas, que te ayuden a concretar las tareas de cada uno de tus proyectos. Si aún estás dando tus primeros pasos y no tienes una cartera de clientes, mejor aún. Trabaja partiendo del hecho de que es cuestión de tiempo para que lleguen tus primeros clientes. Un programador, por ejemplo, está habituado a manejar muchos proyectos al unísono. Esto significa que tiene que enfrentar expectativas muy diferentes entre sí, con especificaciones diversas y puntos de vista que pueden llegar a ser diametralmente opuestos. Por lo tanto, tiene que crear un sistema que le facilite meterse de lleno en cada asignación sin que esto implique retraso alguno.

Un sistema es, en esencia, un conjunto de pequeños procesos que apuntan a un mismo objetivo. Establecer rutinas para la formación, para la actividad creativa, para la actividad empírica, para la investigación. Incluso espacios de tiempo únicamente orientados a brindar estatus a clientes o socios, a mostrar adelantos, a responder dudas, a hacer preguntas para garantizar una visión unificada entre cliente y profesional. Los freelancers son de naturaleza metódica. Planifican cada detalle, por pequeño que parezca, para que este calce perfectamente en un conjunto de procesos que garanticen el éxito en una tarea. No es fácil, por supuesto, pero es un estilo de vida que transforma integralmente a quien se adentra en él.

Seré mi propio jefe / Tendrás que identificar tu cliente ideal y lleva tiempo

¿Quién no quiere ser su propio jefe? Absolutamente todas las personas han tenido que enfrentar la incomodidad de un jefe tóxico, intransigente, autocrático e incluso abusivo. Para nadie es un secreto que desarrollar habilidades de liderazgo requiere un sacrificio enorme. Las grandes corporaciones, en los últimos años, han hecho esfuerzos ingentes para formar a sus líderes en el arte de la dirección. No obstante, son pocos los que toman este tipo de iniciativas con compromiso y entrega. El resultado: un altísimo porcentaje de jefes que no aprecian el trabajo de sus colaboradores, que ejercen una autoridad corrosiva, que no facilitan herramientas a su equipo para un crecimiento sostenido tanto a nivel grupal como corporativo.

El mundo del freelance te ofrece la posibilidad de ser tu propio jefe, de administrar tus ideas, tu creatividad, pero también tus recursos y tus expectativas. Ser jefe no es fácil, pero, ¿qué mejor manera de aprender a serlo que con un proyecto independiente en el que aprendamos el valor de aspectos como el compromiso, la responsabilidad, la ética y la acción focalizada? Ahora bien, es imprescindible que entiendas que ser tu propio jefe implica una serie de atributos que como empleado no se te exigían. Por ejemplo, cuando trabajé en la empresa tecnológica no debía encontrar clientes porque ellos llegaban a mí. Esto, presumiblemente, por el espectro de la marca para la que trabajaba. Debido a que la marca ya estaba posicionada en la mente subconsciente de las personas, entonces no hacía falta mayor esfuerzo para que los potenciales compradores acudieran a mí. Las diferencias, pues, entre el empleo tradicional y el freelance son colosales.

Una de tus primeras tareas es reconocer a tu cliente ideal. Evidentemente, tienes que fijar con mucha precisión las características de tus servicios. ¿Qué habilidades o destrezas quieres comercializar? ¿Cuáles son esos atributos que has desarrollado ampliamente y por el que ofreces soluciones prácticas a las necesidades de una potencial masa de clientes? Es probable que no necesitas un análisis concienzudo para definir cuáles son las habilidades especiales que pretendes poner a disposición de otros. Sea cual fuere tu caso, la definición del servicio que ofrecerás es neurálgica.

El siguiente paso, posiblemente el más complicado de todos cuanto componen las primeras etapas de un proceso de independización económica y laboral, tiene que ver con encontrar al cliente ideal. Mi experiencia me enseñó que este proceso puede tomarse más tiempo del que hayas planificado inicialmente. Si esto ocurre, maneja tus emociones con suma inteligencia. No decaigas, forma parte del crecimiento por el que estás luchando.

Bien, ¿qué entendemos por cliente ideal en el freelance? Es, en esencia, aquel cliente que está dispuesto a pagar lo que pides por un servicio de calidad. Básicamente porque conoce el valor que aportas con tus conocimientos y destrezas. Un cliente es ideal por dos razones fundamentales.

1. Es rentable: esto significa que solicita tus servicios constantemente, en consecuencia, mayores ingresos para tu negocio.

2. Es garantía de tu marca: un cliente perfecto, ideal, no solo sabe que eres el indicado para solventar sus necesidades específicas (por ello siempre serás su primera opción), sino que te refiere a otros clientes, ayudándote a posicionar tu marca y a generar una cartera que irá creciendo cada vez más conforme a la calidad que entregues en los proyectos asignados.

Identificar a tu cliente ideal puede tornarse complicado, principalmente cuando carecemos de la experiencia para saber siquiera por dónde empezar. Si este fuese el caso, no te preocupes. Dale forma a tu servicio, empieza por pasos pequeños. La buena noticia es que la actualidad tecnológica te ofrece decenas de plataformas digitales para que empieces a "hacerte visible". Olvida aquellas viejas y caducas estrategias de repartir volantes o hacer miles de llamadas desde una base de datos. Estas tácticas no solo son anacrónicas sino que representan una inversión muy grande que no puedes permitirte en tus primeros pasos. Mi recomendación es que hagas trabajo de hormiguita. Utiliza las redes sociales, apaláncate en blogs o páginas web especializadas donde puedes ir adquiriendo "presencia" poco a poco. Olvídate de la velocidad y enfócate en dar pasos sólidos a un ritmo constante.

No necesitaré invertir / Necesitarás herramientas e invertir en capacitación

Derribar este mito es sumamente sencillo para quienes, como yo, hemos transitado un largo recorrido en el mundo del freelance. Aunque se trata de una creencia que se ha extendido con una rapidez increíble, carece de todo fundamento lógico. Recuerda que estás abandonando un esquema laboral (la relación directa entre el horario y el sueldo fijos), lo que implica un riesgo, para tomar las riendas de tu libertad creativa y financiera. Aunque sea una opinión impopular, llegar a la cima desde tu independencia es imposible sin esfuerzo e inversión. Así que si estás convencido de que ser freelancer significa que no necesitarás invertir, es el momento de que abandones de una vez y para siempre esta creencia.

Serás el dueño de un producto/servicio. Solo cuando ofrecemos un servicio de calidad encontramos clientes ideales que reconocen el valor de lo que ofrecemos y se tornan rentables conforme nuestras entregas den los resultados esperados. Si partimos del hecho de que tu nueva insignia será el conjunto de habilidades que te diferencian del resto, entonces necesitarás herramientas e invertir en tu capacitación.

> Estas tácticas no solo son anacrónicas sino que representan una inversión muy grande que no puedes permitirte en tus primeros pasos

Todas las destrezas que tienes son perfectibles... ¡ese es tu propósito! Siguiendo esta premisa, son necesarias todas las herramientas que te permitan perfeccionar las habilidades que, en la práctica, te permiten prestar un servicio que se diferencie del resto en términos de calidad.

No olvides en ningún momento que te enfrentarás a un mercado de competidores que aplicarán todas las estrategias que consideren necesarias para sacarte ventaja. Tú tienes que hacer lo mismo. La formación, en este sentido, adquiere especial importancia. Si, por ejemplo, consideras que tienes habilidades importantes en la escritura creativa, la redacción de contenido, lo ideal es que te fortalezcas estas competencias. Para hacerlo, te recomiendo que te hagas uso de las herramientas didácticas que el mundo te ofrece. Cualquier redactor de contenido te dirá que es imprescindible tomar acciones en aras de tu formación profesional.

La buena noticia es que existen muchas alternativas para hacerlo. Simposios, conversatorios especializados, talleres de escritura creativa, de redacción profesional, diplomados, cursos en línea. Por suerte las herramientas didácticas han ganado especial reconocimiento en los últimos años. En la medida en que aproveches este auge, esta nueva época del aprendizaje, desarrollarás nuevas herramientas que sumadas a las competencias genuinas harán de ti un profesional integral y exitoso en todo cuanto te propongas como freelancer.

Esta es una recomendación que puede ser aplicada independientemente de tu área de interés. Si el marketing digital es tu elemento, una simple búsqueda en internet te proveerá de decenas de cursos y talleres orientados a formar a los nuevos profesionales en todo lo concerniente al mercadeo en un mundo que ha movido su potencia comercial hacia las plataformas digitales. El freelance es como una carrera universitaria, con la única diferencia de que no estás apegado a un pensum de materias que deberás aprobar para avanzar al siguiente nivel. En el mundo que aquí nos ocupa, el de los freelancers exitosos, la formación profesional es la clave. Y, como todos más o menos intuyen, el aprendizaje muchas veces exige inversión, compromiso y responsabilidad.

Deshazte del mito de que ser un trabajador independiente, un freelancer, no exige inversión de ningún tipo. Conforme te hagas consciente de que el propósito radica en el servicio que ofreces (que este sea de calidad, que se diferencie del resto, valioso para los potenciales clientes), notarás cuán importante es invertir tiempo y dinero en el perfeccionamiento de tus habilidades y en consecuencia de lo que propones al mundo del freelance.

Capítulo 2
Claves para iniciarte como freelancer

El camino hacia la independencia económica y creativa está lleno de obstáculos pero, sobre todo, de muchos aprendizajes y oportunidades de crecimiento. Dar los primeros pasos fue, en mi experiencia personal, un proceso muy duro que me llevó muchas veces a cuestionar cada una de mis decisiones. Como te referí en el capítulo anterior, al principio tuve algunos inconvenientes que pudieron ser evitados. Todos ellos derivados de una mentalidad que no estaba alineada con mi propósito como profesional independiente. De allí la importancia de ofrecerte lo aprendido en mi experiencia personal para que en tu camino hacia el éxito consigas evadir algunos obstáculos comúnmente presentes en todos los freelancers.

Una de las decisiones que más tuvo que ver con mi crecimiento como profesional tuvo que ver con dar un salto no solo desde el punto mental sino también desde el geográfico. Un buen día, convencido de que tenía las herramientas y capacidades idóneas para ser exitoso en el freelance, tomé la decisión de abandonar mi país en aras de un propósito que siempre estuvo muy claro en mí: la cima. Fue entonces cuando tomé acciones específicas, comuniqué a mis amigos y me embarqué en un viaje que hasta el sol de hoy sigue transformando cada ápice de mi ser: migrar. Así como lo lees, fue un proceso duro y lleno de inseguridades relacionadas a las circunstancias externas (en mi fuero interno estaba totalmente convencido de que lograría mis objetivos), pero que me valió un aprendizaje que hoy sigue tan vigente como nunca.

La ciudad que escogí para esta nueva experiencia fue Medellín, en la República de Colombia. De esta manera me uní a la creciente cifra de connacionales que migraron a distintos países del mundo en busca de mejores condiciones de vida. Como es bien sabido, la realidad del emigrante es tan compleja como dura. Del mismo modo que muchas personas han conseguido establecerse en un lapso de tiempo relativamente corto, otros tantos se han visto en la necesidad de regresar a su país de origen tras vivenciar en carne propia todo tipo de desafíos y dificultades. En lo personal, como dije, estaba plenamente consciente de que podría trabajar como freelance, mantenerme y seguir creciendo como hasta entonces.

En honor a la verdad, fue muy duro. La experiencia migratoria, en todas las épocas, indistintamente de las razones por las que alguien decide abandonar su país, suele ser muy dura pero también transformadora. Al principio me vi sumergido en una serie de dificultades financieras que, eventualmente, afectaron mi autoconfianza. De un momento a otro estaba en una ciudad que me era totalmente desconocida, con personas cuya cultura era tan opuesta a la mía como difícil de asimilar. El clima, la calidez de las personas, las realidades objetivas, la economía, las necesidades. Todo esto puede derribar a un migrante, incluso si este se preparó concienzudamente para la experiencia.

Sin embargo, nada de esto me detuvo. Mi motivación era mucho más grande que cualquier esbozo de inseguridad que creciera en mí debido a las circunstancias vividas. Trabajé fervientemente por semanas y meses enteros. Hoy día puedo dar fe de que es posible vivir como freelance incluso desde un país que no es el nuestro. Lo que necesitarás, pues, es mucha fuerza de voluntad y motivación para asimilar los cambios estructurales que se presentarán en tu vida con cada nueva jornada laboral.

Lo importante, en casos como este, es asimilar que tienes la capacidad para adaptarte a las circunstancias que te rodean. Incluso si te encuentras en el extranjero, posees herramientas y habilidades para desarrollarte de forma independiente con mucho éxito. Por otro lado, una de las competencias que necesitarás sí o sí es la resiliencia. Esa capacidad del individuo por sobreponerse a las circunstancias adversas en un intervalo de tiempo medianamente rápido, pero no solo se trata de levantarte del suelo sino de hacerlo con nuevas ganas, con más combustible que nunca, para aprender de las caídas y sacar provecho a cualquier escenario que se te presente.

Si quieres prescindir de los jefes, de los horarios e ingresos limitados, tienes que abocarte con determinación y compromiso. Dar un paso a la vez. Mi experiencia como migrante me permitió descubrir 3 claves sobre las que basé todo mi crecimiento, que se volvió exponencial desde que me hice consciente de que el valor de mi propuesta no bastaba por sí sola si no venía acompañada de acciones concretas. 3 claves que, por su relevancia, vinieron acompañadas de una nueva visión del mundo del freelance que a continuación quiero enseñarte.

Fernando Trias de Bes, un aclamado emprendedor, escribió en su trabajo El libro negro del emprendedor, lo siguiente:

> Un rasgo que caracteriza a los auténticos emprendedores es que no contemplan la posibilidad del fracaso. No es que estén ciegos o sean ilusos. Seguramente no lo son y sus dosis de realismo son elevadas. Pero su ilusión puede más que todo ello. Me dijo Juan Mateo, emocionado: «Cuando emprendes de verdad, el fracaso no lo contemplas. Todo empieza con un sueño. Te imaginas un escenario que te emociona lo suficiente como para dejarte la vida por conseguirlo. Es como cuando te casas. En principio es para toda la vida. Tiene un punto de locura, de inconsciencia. El fracaso no entra en los planes, ni tan siquiera se considera».

Esta observación siempre me ha parecido vital. El mundo del emprendimiento, al igual que el del freelance, requiere de voluntades fuertes. Recuerda que se trata de una experiencia vital, que comprende la necesidad del involucrado por independizarse de viejos esquemas laborales, para dedicar sus destrezas y habilidades a generar una idea capitalizable en un mercado donde impera la competitividad y las deslealtades. Por lo tanto, debes avanzar con confianza, con entereza, como tanta determinación como te sea posible. De esta manera, estarás mejor preparado para recibir malas noticias, adversidades y contratiempos con la mejor actitud posible. Las 3 claves que te ofreceré a continuación, y cuya comprensión me ayudó a establecerme como freelancer en Medellín, forman parte del esqueleto del éxito. Esto, desde luego, junto a una voluntad de acero irrompible.

Reconocer tus habilidades / competencias / talentos

El éxito depende, en gran medida, de qué tanto te conozcas a ti mismo. El proceso de autoconocimiento es uno de los hábitos más importantes para reconocer de qué eres capaz en términos prácticos. Sin embargo, aunque se trata de identificar tus habilidades objetivas, conocerte a ti mismo implica entrar en todos esos recovecos subjetivos de tu mente. La mente consciente y la subconsciente, pues, comportan muchas de las actitudes y aptitudes que constituyen lo que eres como individuo. En resumidas cuentas, tus probabilidades de ser un freelancer exitoso aumentan conforman entiendas bien tus habilidades ya que de estas dependerá el servicio que ofrecerás a tus potenciales clientes.

Aunque parezca una obviedad, un porcentaje significativo de los intentos no exitosos en el freelance parten de la premisa de que quien lo intenta no tiene la certeza de cuáles son sus puntos fuertes. Si desconoces estas fortalezas, ¿cómo podrás desarrollarlas adecuadamente? ¿De qué manera crearás un servicio óptimo que represente una solución funcional y práctica para tus potenciales clientes? Enfoca tus primeros esfuerzos en descubrir aquello para lo que eres realmente bueno, aquello que te apasiona. Una de las tácticas que puedes ejecutar para llegar a este nivel de autoconocimiento es a través de la visualización. Hazte preguntas relacionadas a

> El proceso de autoconocimiento es uno de los hábitos más importantes para reconocer de qué eres capaz en términos prácticos

ti mismo en un escenario "ideal". Proyéctate. Piensa en cuál sería la situación perfecta para ti. No olvides que se trata de lo que te apasione, esta es la razón por la que decidiste prescindir de jefes y horarios de oficina.

Los psicólogos y especialistas de Recursos Humanos entienden este concepto como proyección. ¿Dónde te sitúas en 10 años? ¿Haciendo qué? Lo que ellos buscan al hacerte estas interrogantes es identificar todas las emociones asociadas al escenario que te has visualizado. Aquello que acelera tu corazón, esa es la respuesta. No solo se trata de alcanzar la libertad financiera sino de hacerlo desde y con tu creatividad al máximo. Si te apasiona la programación, ¿qué esperas para perfeccionar tus habilidades con los lenguajes de programación que más disfrutas? Si, por el contrario, te motiva la posibilidad de convertirte en uno de los vendedores más importantes del planeta, ¿qué piensas hacer para focalizar tus acciones en aras de ese propósito?

Reconocer tus habilidades y destrezas, en líneas generales, te llevará a tomar acciones concretas para el desarrollo de tu servicio o producto. Somos buenos en aquello que amamos, esta es una verdad incuestionable. Un error clásico es entender que lo que te apasiona debe coincidir con lo que te genera rentabilidad. Si bien es cierto que los estudios de mercado pueden darte una idea bastante útil de lo que busca el mercado, de hacia dónde puedes dirigir tus habilidades, ¿cuál es el sentido de generar ingresos si para hacerlo sacrificas tu felicidad como individuo? Quienes optamos por el freelance, lo hacemos conscientes de que la felicidad no puede radicar en un sistema ajeno. Por ello prescindimos de los jefes y nos hacemos independientes, porque confiamos en nuestra capacidad de crear un sistema propio que, a su vez, sea valioso y rentable.

El escritor Ricardo Perret, en su libro El gen exitoso, nos regala esta maravillosa observación en torno a la importancia del autoconocimiento:

> Las personas que verdaderamente son exitosas son capaces de hacer altos en el camino, poner en pausa su horario laboral, encontrar huecos para sí mismos y los suyos, algunos llegan a poner en pausa su carrera profesional para retomar contacto consigo mismos; otros se siguen de frente y eventualmente se arrepienten. Pero los primeros logran reconectarse consigo mismos, revisitar sus verdades, necesidades e intenciones, reconocer o redefinir sus objetivos y seguir adelante. Muchos exitosos, como lo veíamos anteriormente, incluso no necesitan hacer estas pausas, lo pueden lograr en pleno vuelo, pero no está nada mal que a veces hagamos una pausa para reconectar con nosotros si sentimos necesitarlo.

En resumen, el camino hacia la plenitud pasa por entender para qué eres bueno, independientemente de si esto sea considerado "rentable". Tú puedes hacer que cualquier servicio sea rentable si perfeccionas tus actitudes y aptitudes. No escuches las voces pesimistas que te dicen que aquello para lo que eres bueno "no te traerá dinero". ¡Claro que te generará tantos ingresos como tú mismo lo determines! Si, por el contrario, optas por darle fuerza a estas voces negativas, es posible que termines encerrado una vez más en una dinámica de actividades que no te apasionan a cambio de un sueldo y un horario fijos. Es decir, más temprano que tarde volverás al sistema ajeno del que tanto te costó salir.

Esta es, en definitiva, la primera clave que aprendí al encontrarme entre la espada y la pared, en medio de una realidad difícil y compleja como la de todo emigrante que decide empezar de cero en un país desconocido en cada aspecto.

Apoyarte en una plataforma

Una vez que hayas identificado tus habilidades, destrezas y competencias, todo empezará a fluir conforme a tu determinación. A partir de este momento de autoconocimiento, tendrás una idea mucho más sólida del tipo de servicio que ofrecerás como profesional independiente. ¿Por qué es tan importante la clave explicada anteriormente? Como referí, es imprescindible que entiendas cuáles son tus fortalezas para saber qué tipo de producto o servicio desarrollarás. Si, por ejemplo, no eres bueno con el marketing digital, ¿qué sentido tendría orientar tus siguientes movimientos hacia ese vasto mundo en el que te enfrentarás a un sinfín de profesionales que literalmente dedican sus vidas a ser los mejores?

En cambio, si eres bueno en la creación de contenido de una forma creativa, tus probabilidades de éxito se amplificarán significativamente, con independencia de que te enfrentes a un mercado abarrotado de opciones. Esto explica la importancia de identificar tus fortalezas. Otra de las razones por las que el servicio empieza a convertirse en la médula espinal de tu actividad profesional, es porque no todas las plataformas te serán útiles. Es este el punto al que quería llegar. La segunda clave que entendí durante mi proceso migratorio y de transformación la necesidad imperante de manejarte muy bien con las plataformas digitales.

Todos los freelancers se mueven sobre las plataformas digitales como peces en el agua. Es la herramienta definitiva con la que contamos para expresar nuestras ideas, propuestas y, eventualmente, para la captación de clientes que buscan resolver situaciones específicas. De manera que, a partir de ahora, estas pasarán a formar parte de tu día a día. Cada uno de tus movimientos como trabajador independiente irá asociado a ofrecer y comercializar tus ideas. De allí la importancia de estas plataformas, que son las oficinas del freelancer.

Si bien es cierto que la idea es que crees una marca exitosa, que hable por sí sola, para lo que una página web personalizada es lo más profesional, los freelancers no deben invertir en sus primeras etapas. Mi experiencia me ayudó a entender eso. Una estrategia muy efectiva es captar clientes y ganar prestigio en plataformas gratuitas. De esta manera, cuando hayas conformado una reputación sólida, tu propia página web tendrá mucha más resonancia dentro de los profesionales y empleadores entre los que se mueve tu servicio. Pero, ¿qué debes saber sobre estas páginas webs para freelancers?

> Como referí, es imprescindible que entiendas cuáles son tus fortalezas para saber qué tipo de producto o servicio desarrollarás.

Ahora bien, no todas las plataformas digitales serán aptas e idóneas para tu servicio. Por lo tanto, tendrás la responsabilidad encontrar las mejores opciones. Una buena idea es hacer un pequeño estudio de mercado para, así, tener una idea más clara de la idoneidad de estas plataformas. No todas las páginas webs para emprendedores y profesionales independientes calzan perfectamente con tu idea. Hazte consciente de esto. En la actualidad, existen páginas que se dedican a difundir el trabajo y los servicios de freelancers que se dedican al mundo del marketing digital o la publicidad. No obstante, encontrarás otras páginas que no tienen este tipo de segmentación, pues permiten que cada profesional publique sus ideas independientemente del ramo al que esta va dirigida.

La buena noticia es que para encontrar páginas que se adecúen a nosotros, basta hacer una pequeña búsqueda en Internet. En vista del colosal auge del freelance en los últimos años, cada vez son más las opciones para quienes buscan trabajo desde un esquema novedoso que prescinde de jefes y oficinas a la vieja usanza. Es posible encontrar plataformas especializadas en el desarrollo web y móvil, en redacción de contenido, en cursos online. Del mismo modo que encontrarás páginas que permiten todas las opciones en un mar virtual de ofertas y postulaciones. Nubelo es una de las más importantes en el mundo. No tiene una especialidad concreta; si eres hábil en el marketing, en el diseño, como SEO, en Contabilidad e incluso en programación, la plataforma ofrece cerca de 92.000 ofertas. Como verás, ¡un mar entero de oportunidades!

Otras páginas como Freelancer, Infojobs Freelance o Workana (esta última como la mejor opción en términos de calidad y cantidad dentro de América Latina) se manejan en formatos parecidos, permitiendo una conexión segura entre el profesional independiente y el empleador que requiere servicios especiales para determinado proyecto dentro del área de desarrollo de aplicaciones, traducción, redacción para blogs, entre otras. Si bien todas las páginas poseen pequeñas variaciones para diferenciarse del resto, todas tienen un esquema medianamente parecido. Se publica un proyecto y los profesionales tienen la opción de presentarse al potencial empleador, ofreciendo sus servicios (y atributos como experiencia, calidad comprobada, referencias), momento en el que empieza un proceso de negociación entre las partes involucradas.

La esencia de estas páginas es establecer una conexión (supervisada por quienes dirigen la plataforma) entre profesionales y posibles empleadores. Las diferencias entre una página y otra pueden apreciarse en la interfaz gráfica, en las modalidades de pago o en la estrategia puesta por parte de la propia página para orientar a sus profesionales y empleadores. Apoyarte en una plataforma es imprescindible. Estudia todas tus opciones, son muchas. Upwork, Doz, Flexjobs, Fiverr, Workana, Twago, Geniuzz, son solo algunas de las decenas que la Internet te ofrece para adentrarte en el freelance con todas las herramientas que necesitas. A continuación, algunas de las plataformas más importantes desde un punto de vista del freelancer que da sus primeros pasos:

Workana: Workana es una de las plataformas más populares en los países de Latinoamérica. En la actualidad cuenta con aproximadamente 300.000 profesionales independientes inscritos. Utilizando la premisa explicada anteriormente (la conexión entre freelancers y empleadores), Workana se ha posicionado como la mejor opción para quienes empiezan en este mundo. Es posible que para muchos sea difícil dar con el primer proyecto (en todos los casos lo es), pero cuando esto sucede, si el profesional ofrece un servicio de calidad superlativa, las referencias y oportunidades no tardarán en llegar.

Flexjobs: esta página web parte de un esquema de trabajo opuesto a la mayoría de plataformas digitales para freelancers. En primer lugar, no solo ofrece la posibilidad de conectar a profesionales y empleadores en pequeños proyectos, sino que también puede vincular de forma definitiva. Las vinculaciones a tiempo completo son el elemento diferenciador de Flexjobs en comparación con sus competidores inmediatos. Otra diferencia estructural es que cobran una pequeña cuota por un servicio que incluye acceso ilimitado a todas las ofertas de trabajo disponibles en la página.

Fiveer: una de las características esenciales de Fiveer es que tiene un funcionamiento distinto al que encontrarás en otras páginas similares. En esta página, son los profesionales independientes quienes ofrecen su servicio. Por lo tanto, se requiere de una capacidad adicional para generar contenido de impacto inmediato que te ayude a captar posibles clientes con los cuales iniciar una etapa de negociación. Una de las principales desventajas de esta plataforma es que sus pagos suelen ser bastante irrisorios, lo que conlleva a realizar más proyectos para obtener un número de ingresos importante.

Enfócate en un servicio y un tipo de cliente ideal

Si algo he aprendido a lo largo de mi trayectoria como freelancer es que no quienes no son capaces de trabajar focalizada y especializadamente, están condenados al fracaso. Piénsalo por un momento, ¿qué posibilidad hay de que un freelancer programador desarrolle una campaña de marketing digital precisa, eficiente e impactante? La realidad me ha enseñado que no existe mejor clave para ser buenos en lo que hacemos que dedicarnos con plenitud y determinación incuestionables. Por lo tanto, deshazte de la tentadora idea de hacer todo para todos. Así funciona. Piensa que si fallas, no será el nombre de una empresa la que se vaya a pique... ¡será tu propia reputación!

En este sentido, mi recomendación es que trabajes enfocado en desarrollar y perfeccionar tu servicio teniendo en cuenta las características que tendrá tu cliente ideal. Es cierto que la asertividad se adquiere con la práctica, por lo que cada decisión profesional debe ser debidamente razonada pensando siempre en tus posibilidades de entregar un trabajo cónsono y adecuado a lo requerido. Te adelanto que, llegado un punto, es posible que te sientas tentado con aceptar proyectos que no necesariamente encajan con lo que quieres vender como "tu especialidad". La verdad, querido amigo, es que tomar decisiones desde la emocionalidad no siempre trae buenos resultados.

> La realidad me ha enseñado que no existe mejor clave para ser buenos en lo que hacemos que dedicarnos con plenitud y determinación incuestionables

En la medida en que perfecciones tus habilidades (y, en consecuencia, el tipo de servicio que ofreces), terminarás conformando una interesante cartera de clientes que estarán dispuestos no solo a contratar tus servicios cada vez que lo necesiten, sino que te referirán con colegas u otros posibles empleadores. Este es el camino que debes tomar. Tu reputación y prestigio son fundamentales. Entrar en el juego de "hacer todo y para todos" te expone a una dinámica de la que muy probablemente no saldrás bien parado. Ten en cuenta lo referido al principio de este capítulo: el autoconocimiento. Eres más consciente que nadie de tus habilidades, nadie más que tú sabe cuáles son las tareas y áreas en las que eres bueno.

De manera que te sugiero que trabajes con foco en que la prioridad es tu nombre, tu marca. Nada habla mejor de tu capacidad como profesional que los proyectos y servicios que ofreces. Si estos carecen de calidad, los potenciales empleadores no te prestarán especial atención porque eres un pez más en un vasto mar de peces regulares. Tú, por el contrario, quieres ser una especie única y maravillosa. Y tu servicio será siempre tu carta de presentación.

Requieres construir una marca sólida para avanzar todo cuanto sea posible en términos de crecimiento y éxito. En este sentido, la marca que creas es el resultado inequívoco de tus acciones, de los proyectos concluidos y de las referencias que aquellos que han contratado tus servicios dictan en el marco de las plataformas digitales. En líneas generales, la marca personal que construyas definirá tu éxito comercial en un futuro inmediato en el que elimines los intermediarios y establezcas una empresa / agencia por cuenta propia. El fin indivisible de todos los esfuerzos dentro del freelance pasan por llegar a una independencia creativa lo suficientemente sólida como para no retornar a la rígida dinámica del sueldo y horario fijos.

A modo de conclusión

Lo que para muchos supone un golpe del que no podrían recuperarse, para mí fue como una inyección de combustible en mi cuerpo. No te voy a mentir; la experiencia migratoria es compleja y está henchida de circunstancias totalmente nuevas para muchos de quienes tomamos este camino, sin embargo, una determinación de acero y la autoconfianza de entender que somos capaces de vivir como freelancers desde cualquier lugar del mundo, son así mismos factores neurálgicos para que la resiliencia haga su trabajo. Ser resilientes, pues, es más que necesario en cualquier experiencia que suponga enfrentarnos con una realidad diametralmente opuesta a la conocida hasta entonces.

Colombia me ayudó en muchas maneras posible. El hecho de que me instalara en Medellín significó ponerme en una situación definitoria. ¿Qué quiero decir con esto? Piénsalo por un momento: estaba en una ciudad desconocida, en un país que no es el mío, con algunas inseguridades creciendo dentro de mí pero con tantas ganas de crecer y de alcanzar la cima como jamás habría imaginado. Ahora bien, al margen de lo que fue mi experiencia como emigrante, ¿qué cambió en mí en comparación con ese hombre que daba sus primeros pasos como freelancer en su ciudad natal? ¿Qué cambio puedo encontrar hoy entre el hombre que renunció a la tienda de venta de computadores y este que te cuenta sobre su experiencia personal y exitosa dentro del freelance?

Es bien sabido que toda experiencia migratoria transforma; pueden tratarse de cambios pequeños o grandes, en todo caso siempre existirá una pequeña modificación entre lo que éramos y lo que somos. En mi caso particular, la médula del cambio tuvo que ver con la comprensión de las 3 claves que aquí he explicado. Desde el momento en que entendí que no hay camino para prescindir de los jefes que no pase por estas 3 claves, el camino (sus complejidades, dificultades, verdades) se tornó mucho más manejable. Si empiezas en el freelance y estás pensando en hacerlo desde el extranjero, quiero que sepas que es totalmente posible. Tus posibilidades de éxito están concentradas en ti, en tu pecho, en tu mentalidad, en todas las acciones que tomes para el cumplimiento de tu propósito.

Sí, sé que muchas veces nuestras fuerzas se doblegan. De allí la importancia de la fuerza de voluntad como hábito, de la resiliencia como competencia, de la motivación como combustible. ¿Crees en tus capacidades? Si este es el caso, entonces tienes todo a tu favor, incluso las adversidades se tuercen para favorecer a quien está convencido de su valor.

Capítulo 3
Dejar o no dejar el trabajo, he ahí el dilema

Cuando me mudé a Medellín, era consciente de mis capacidades y competencias para mantenerme como freelancer. Sin embargo, como he referido anteriormente, la experiencia migratoria es sin lugar a dudas de una complejidad absoluta. Para nadie es un secreto que quien se embarca en una aventura de estas características, alimenta en su fuero interno una serie de inseguridades. La verdad es que estas inseguridades no son del todo injustificadas. Estarás en un país distinto, enfrentando circunstancias desconocidas, lejos de todas esas personas que en un momento dado podían extenderte una mano amiga. En pocas palabras, estás solo y solo dependes de ti mismo, de tu mentalidad y de tus acciones.

Personalmente, no fue una experiencia fácil. Afortunadamente tuve la oportunidad de migrar con mi pareja, razón por la cual cada paso que diera (pequeño o grande) debía ser comedido, inteligente y muy consciente. Pero no solo consciente de mi propia situación o de la persona que me acompañaba, sino de mis hijos, padres y demás familiares en mi país.

Después de todo, la intención siempre fue alcanzar la cima pero, ¿qué hacer en el ínterin? Llegar a la cumbre del éxito es un proceso largo, extenuante, esto es bien sabido por todos. Pero mientras tanto, ¿cómo podía ayudar a mis hijos, a mis padres, y a todas las personas que dependían económicamente de mí?

Vivir en Medellín abrió mi mente en muchos aspectos. Es impresionante cómo cambia nuestra visión del mundo de un momento a otro. Un tiempo atrás me dedicaba únicamente a la venta de equipos tecnológicos, estaba atado de pies y manos a un sistema laboral con el que no me sentía cómodo y que (así lo sentí por mucho tiempo) impedía mi desarrollo creativo y económico.

Un tiempo después estaba con mi pareja en el extranjero, trabajando en una agencia de marketing durante el día y por las noches desarrollando una carrera que crecía progresivamente dentro de plataformas como Workana. Así como lo lees, querido amigo. Al llegar a casa me enfocaba en ofrecer mis servicios como copywriter y escritor fantasma. Fue así como construí una reputación sólida, a fuerza de brindar un servicio de calidad a los muchos clientes que me dieron la oportunidad de demostrar mi valor.

Si bien fueron tres meses de una entrega absoluta (el tiempo que invertí para conectar con mi primer proyecto), hoy puedo decir sin dudas que valió la pena. No podía permitir que mi familia pasara dificultades económicas, entendí esto tan rápidamente como me fue posible. Más allá de mis objetivos personales, tenía una responsabilidad con mi familia. Por lo tanto, creí pertinente emplearme durante un tiempo para, de esta manera, solventar cualquier necesidad económica de mis hijos y mis padres. Esto, sin embargo, no significó que me detuviera, que retornara al sueldo fijo. Una vez que entiendes que tu libertad es la prioridad, no existe forma de que regreses a un esquema que te hace sentir preso.

Mi lucha para convertirme en un freelancer exitoso no era excusa para desatender a mis familiares, de manera que hice todo lo que creí necesario para garantizar sus necesidades así como las mías. Responsabilidades como el arriendo, por ejemplo, no pueden ser descuidadas bajo ningún concepto. Esto lo sabía y trabajé de acuerdo a esta realidad. Fueron tres meses arduos, en los que dormí unas horas por noche. Estos tres meses antes de encontrar mi primer proyecto definieron una parte significativa de mi reputación como escritor fantasma y Copywriter dentro de Workana, la plataforma que escogí para ofrecer mis servicios. Fue a partir de este momento que descubrí cuán importante es la resiliencia, la capacidad de espera al margen de las circunstancias.

En este capítulo, te enseñaré tres estrategias que todo freelancer debe poner en práctica siempre con la mirada puesta hacia el futuro. No olvides que las páginas webs son, a fin de cuentas, un intermediario del que podrás prescindir siempre y cuando seas capaz de hacerlo. Lo importante, aquí, es entender que debes crecer paso a paso. En lo personal, creo que la experiencia en plataformas digitales de este estilo es sumamente importante, tanto para vivir el día a día como para quienes se proyectan hacia un futuro inmediato como freelancer.

Stephen Covey, en su libro *Las 12 palancas del éxito*, nos dice lo siguiente en relación a la relevancia de nuestras creencias y nuestra mentalidad:

Nuestras creencias determinan nuestra conducta. Las creencias pueden actuar como prisiones mentales que nos impiden centrarnos en los principios. Si creemos que la grandeza secundaria es mejor que la grandeza primordial, no tenemos la menor posibilidad de lograr la grandeza primordial (…) Sé que muchas personas se sienten prisioneras de sus funciones y de sus relaciones, desequilibradas y desconectadas tanto en el trabajo como en casa. Los barrotes que las mantienen encarceladas casi nunca son tangibles: hay muy pocas barreras o limitaciones físicas, si es que hay alguna, que nos impidan ver las estrellas.

Necesitas formular una propuesta única de valor

Uno de los errores más comunes en los freelancers principiantes es que basan su idea en la rentabilidad de la misma. Como he explicado en capítulos anteriores, la única forma de garantizar un servicio de calidad superior es trabajar desde tus destrezas y habilidades específicas. De esta manera encontrarás caminos idóneos para crear una propuesta única de valor, que represente para los potenciales clientes un elemento diferenciado del resto. Ahora sabes que las plataformas digitales contienen miles de profesionales independientes que, a su vez, ofrecen soluciones rápidas a las necesidades inherentes del mercado. Por lo tanto, diferenciarte de ellos es un paso imprescindible para alcanzar la cima.

Lo que hace que una propuesta sea única es su capacidad de defenderse por sí misma, de diferenciarse de las otras que apuntan hacia un mismo nicho de clientes. Esto lo entendí tan rápidamente como me fue posible. Mientras que muchos freelancers apuestan a la endeble estrategia de "hacer todo para todos", yo orienté cada una de mis acciones hacia el perfeccionamiento de una idea que realmente fuese valiosa para mis clientes. Entendiendo, pues, que mis habilidades para la creación de contenido eran bastante buenas, trabajé en ellas y las desarrollé a fuerza de formación, aprendizaje constante y compromiso conmigo mismo. Después de todo, el freelance es un salto hacia un mundo desconocido. Si mantienes el foco en tus fortalezas, será un salto hacia la independencia creativa y económica; si buscas dar respuesta a todas las necesidades del mercado, será un salto al vacío del que difícilmente consigas recuperarte.

> Ahora sabes que las plataformas digitales contienen miles de profesionales independientes que, a su vez, ofrecen soluciones rápidas a las necesidades inherentes del mercado.

Bien, entonces, ¿cómo podemos diferenciarnos del resto de servicios que abundan en plataformas como Workana o Nubelo? En principio, la calidad. Pero no existe forma de garantizar que nuestro trabajo es de calidad sin tener la primera oportunidad. Incluso si te pones en la posición del cliente, ¿cómo saber cuál de los miles de freelancers que aseguran un servicio de calidad en realidad tienen la capacidad para satisfacer tus necesidades? La empatía es una buena táctica para entender el punto de vista de tu potencial cliente. Así que, por ahora, no tomemos en cuenta el abstracto concepto de calidad. Vayamos, pues, a las otras posibilidades que un profesional tiene para diferenciarse de los demás.

Lo ideal es que propuesta en un servicio especializado. Garantiza beneficios claros, concisos, medibles. Las páginas webs de este tipo se mueven sobre la base de la negociación. Atributos como el precio, los tiempos de entrega, muestras representativas de tu servicio, resultados, son solo algunas de las características que un posible cliente considera al momento de tomar la decisión final. Por ejemplo, cuando hice mis primeras postulaciones, hablé de los premios literarios que he obtenido a lo largo de mi vida como escritor. Si bien es cierto que esto no es garantía de éxito, es una buena táctica para establecer una diferencia sólida frente a los competidores. A fin de cuentas, ¿cuántas veces nos encontramos con la posibilidad de contratar a un escritor que ha ganado una decena de premios literarios? Esta fue la primera estrategia que ejercité para una marcada diferenciación.

Lo que se busca con esto es expresar a quien esté interesado en el servicio que ofreces todo lo que tú posees y que los demás no. En este sentido, nada es tan cierto como esa frase que dicta que no existen dos vidas iguales. Personalmente, la obtención de esos premios literarios me sirvió como un indicador que determinaba dos factores:

1. Mi capacidad de ofrecer un servicio de creación de contenido eficaz y potente.
2. La manifestación de que he desarrollado los hábitos necesarios para ejercer como copywriter o escritor fantasma desde una experiencia avalada por jurados creativos de distintas latitudes.

Otro de los elementos diferenciadores más comunes y efectivos es la personalización de tu propuesta. Cada cliente tiene una necesidad específica, tu responsabilidad como freelancer es determinar sus intenciones u objetivos. De esta manera, tu propuesta estará focalizada hacia estos descubrimientos.

Invierte tiempo y energía inteligentemente

La planificación del tiempo es uno de esos hábitos que funcionan como un transporte idóneo para llegar a la cumbre. Independientemente del área a la que te dediques, siempre necesitarás darle a tu tiempo un uso coherente que, de la mano con tu capacidad de llevarlo a la práctica, te dará la oportunidad de ofrecer resultados óptimos a tus clientes. Es importante tener en cuenta que como freelancers, muchas veces nos enfrentamos a diversos proyectos en un lapso de tiempo común. Por lo tanto, todas las herramientas o tácticas que te faciliten cumplir con los tiempos de entrega serán de un valor imprescindible.

El porcentaje de profesionales independientes que se encuentran atrapados en la falta de organización es cada vez más alto. Esta es una realidad objetiva y estadística que deberás utilizar a tu favor para obtener una ventaja significativa a ojos de tu cliente. Como sabes, tardé cerca de tres meses en captar a mi primer cliente. A partir de ese momento, y durante cerca de un año, tuve que compartir mi tiempo entre un contrato a tiempo completo con una agencia de marketing digital y mi ejercicio como freelancer durante las últimas horas del día. Al principio me costó un poco llegar a un equilibrio perfecto, pero con la práctica entendí que no había otra opción más que planificar cada hora, cada momento, apuntando todas mis acciones hacia la concreción de los objetivos trazados.

El principal enemigo de tu tiempo es la postergación. Esta es una práctica negativa que se encuentra muy arraigada, principalmente en las sociedades latinoamericanas. Algunos le llaman procrastinación, y significa la constante postergación de actividades y tareas pendientes. La mayoría de nuestros padres nos educaron en la premisa de "no dejes para mañana lo que puedes hacer hoy". En efecto, esta es una verdad que muchas personas ignoran. En consecuencia, estas personas generalmente se encuentran apuradas, nerviosas, lo que redundará siempre en resultados carentes de todo valor para el cliente. Yo no me podía permitir esto, por lo que trabajé concienzudamente en mi gestión del tiempo, invirtiendo cada minuto de forma inteligente y focalizada, con la intención de mantener siempre un nivel de calidad alto, independientemente de la celeridad o premura de los proyectos conectados en Workana.

El escritor Antonio Domingo, que ha desarrollado un maravilloso libro acerca de los ladrones del tiempo, nos hace la siguiente observación, teniendo en cuenta como uno de los grandes ladrones del tiempo a la falta de un plan de acción:

> Este ladrón del tiempo nos roba a diario cuando tenemos que llevar a cabo una serie de tareas y no tenemos orden, y no sabemos distinguir cual es la que debemos darle prioridad ante las demás, y por tanto solo nos dedicamos a apagar fuegos, pasamos a no ser nada efectivos ni eficaces, y entramos en actitudes de estrés que nos debilitan tanto a nivel personal como en temas de salud. (…) Y nos roba el tiempo cuando

tenemos que pensar cada día las cosas que tenemos pendientes, y que como consecuencia, eso deriva en que casi siempre se olvida más de una, que en la mayoría de los casos nos suelen dar problemas como consecuencia de incumplir la devolución de una llamada, la realización de un trabajo a tiempo, la ejecución de una acción que nos correspondía dentro de un plan conjunto con otras personas.

En el próximo capítulo hablaré más profundamente sobre el hábito de la planificación del tiempo como uno de los ejes medulares sobre los que se establece cualquier situación de éxito. Pero, por ahora, creo pertinente aclarar que la labor del freelancer es muy exigente y requiere de tu compromiso absoluto. ¿Quieres ganar mucho dinero? Entonces tendrás que trabajar en distintos proyectos al unísono, unos más satisfactorios que otros, con clientes tan distintos entre sí como cabría esperarse. Por lo tanto, te recomiendo que definas un horario de actividades claro y realista. Al hacerlo, te empoderas de tal manera que no darás crédito al tiempo que invertiste dedicado a un horario de oficina.

Si, como yo, tienes un trabajo a tiempo completo que te toma parte del día, concreta un plan de acción para trabajar por las noches. Los horarios especiales no durarán por siempre, pero son necesarios cuando buscamos crearnos una reputación positiva en plataformas como Workana. Organizar tu tiempo es, en definitiva, la única opción de garantía para respetar los tiempos de entrega acordados con esos clientes con los que has conectado desde tu actividad independiente. Verás que, en la medida en que organices tu jornada con detalle y precisión, no tendrás siquiera que sacrificar horas de sueño. Aunque, claro, esto dependerá única y exclusivamente de cómo gestiones tu tiempo.

Prepárate para el futuro a mediano plazo

Algo que debes tener en cuenta es que no querrás estar siempre en la misma posición. Crecer implica sentirnos cómodos con la idea de un futuro ideal, en el que nos sintamos plenamente cómodos y felices. Cuando éramos niños, a menudo los adultos nos preguntan acerca de nuestros deseos para una vida adulta. ¿Qué quieres ser cuando seas grande? Es una de las preguntas que más veces escuchamos durante la infancia. Esta pregunta, más allá de pertenecer a la larga lista de convencionalismos sociales, tiene una razón de ser en la actualidad, cuando ya somos adultos. Tiene que ver con lo antes referido como visualización.

En este sentido, hazte preguntas trascendentales para identificar si tus anhelos y tus acciones actuales se encuentran en perfecta sintonía. ¿Quiero dedicar el resto de mi vida a trabajar con mis clientes de Workana, Nubelo, Freelancer? ¿Lo que estoy haciendo hoy va de la mano con mi propósito de vida? Estos son solo dos ejemplos de cómo una simple pregunta puede ponerte en una situación de autoconocimiento necesaria para entender tus objetivos, tus motivaciones y, en última instancia, para elaborar una diagnóstico acerca de tu situación actual. Si aún no te has planteado interrogantes de este tipo, es el momento exacto. Quieres mejorar tus condiciones de vida pero también piensas en el futuro. Eres un visionario. ¿Sabes por qué estoy tan seguro? Porque, de no serlo, no habrías dado el salto hacia el mundo del freelance.

Pero, ¿cuál es el enfoque de alguien que tiene la capacidad de admirar su vida más allá del presente inmediato y que se preocupa por su futuro? Trabajar. Trabajar con mucha determinación e inteligencia. Tomar decisiones inteligentes que vayan de la mano con tu idea de un futuro a mediano plazo. Esto, claro, está asociado al servicio que ofrezcas. Por ejemplo, si te dedicas al diseño gráfico y has empezado a generar ingresos en las plataformas digitales, trabajando en proyectos específicos con algunos clientes nuevos, ¿qué te parece dedicar un porcentaje de esos recursos en ti mismo? No me refiero a que te pagues un viaje a la montaña o una cena en el restaurante más lujoso de la ciudad. Esto sería una decisión poco inteligente. Tampoco ayudaría a la concreción de tu futuro ideal.

Lo que te propongo es que inviertas inteligentemente en ti mismo y en tu servicio. Un diseñador gráfico necesita un computador de última tecnología, monitores especiales, licencias de los mejores programas de edición y producción audiovisual. Es increíble cuánto mejora nuestro servicio (y nuestra calidad de vida) cuando contamos con las herramientas adecuadas para desarrollar nuestra idea con comodidad y profesionalismo cónsonos. Lo mismo ocurre, por ejemplo, en el caso de quienes se dediquen a la creación de contenido o a la escritura fantasma, este tipo de oficios exige un ordenador funcional, así como programas y licencias para procesadores de texto y lecturas para una construcción mucho más efectiva.

Mientras que los desarrolladores de aplicaciones móviles necesitan manejar mucho internet y otras herramientas tecnológicas (que generalmente se adquieren a través de

> Quieres mejorar tus condiciones de vida pero también piensas en el futuro. Eres un visionario.

licencias pagas), los traductores necesitan libros de texto, acceso a webs especializadas para consultoría, entre otras. Es fundamental que veas esto como inversiones a futuro. Si bien es cierto que elevará tu productividad a niveles insospechados, también te será de gran ayuda cuando tomes la decisión de prescindir de los intermediarios para consolidar tu independencia.

Si tu idea de independencia, al igual que lo fue para mí, pasa por convertirte en un empresario exitoso y capaz de ofrecer un servicio valioso, entonces debes ver esta primera etapa del freelance como el establecimiento de las columnas sobre las que se erigirá tu imperio. Las plataformas digitales te enseñarán muchas cosas, pero solo unos pocos tendrán la sapiencia para extraer de estas lo necesario para dar el salto definitivo:

1. Cartera de clientes: tu misión secreta es generar con tus clientes una relación lo suficientemente fuerte como para que estos te sigan cuando, eventualmente, des el salto hacia la independencia total. Para construir una cartera de clientes agradecidos amplia, debes exigirte mucho y ser tan responsable como nunca. Te garantizo que ellos te agradecerán con su lealtad.

2. Primeras inversiones en infraestructura y formación: ordenadores, licencias, paquetes tecnológicos, aplicaciones, accesos, programas de formación para adquirir mayores conocimientos, cursos online. En resumen, infraestructura y aprendizaje. Todo ello lo podrás obtener como consecuencia de tu ferviente trabajo en las plataformas. De allí la importancia de tomar decisiones con inteligencia y enfoque en el futuro inmediato.

Capítulo 4
El momento del salto

La realidad como emigrante supone por sí misma un conjunto de dificultades que todos los que abandonan sus países afrontan con cierta determinación. Quienes han probado suerte fuera de sus naciones de origen, saben que la necesidad y la incertidumbre están a la orden del día en todo momento. Personalmente, estaba dispuesto a vivir como freelance, pero antes de llegar a ese punto tuve que trabajar a tiempo completo para una agencia de marketing digital de la que pude extraer nuevos conocimientos que me sirvieron para optimizar mis servicios en Workana. Como ya te referí anteriormente, durante un año estuve trabajando a tiempo completo para la agencia y en horarios especiales para mis clientes de la plataforma digital. Durante este intervalo de tiempo, puse todas mis energías y motivación en construir una reputación sólida dentro de mis clientes independientes.

Ahora bien, no te mentiré al respecto. Si al igual que yo has migrado hacia otro país y te encuentras actualmente empleado a tiempo completo en una empresa, debes tener claro que no existen pócimas mágicas para definir cuánto necesitarás al momento de prescindir del contrato a tiempo completo.

Todo estará atado a tu determinación, a tu entrega y, en última instancia, a la calidad del servicio que ofreces de forma independiente. Porque, en honor a la verdad, si no provees a tus clientes de resultados óptimos, si no satisfaces sus necesidades, tardarás mucho más tiempo que yo para desligarte de cualquier empresa y dedicarte, así, a tu vida como freelancer.

Desde mi llegada a Colombia hasta el momento en que sentí que estaban dadas todas las condiciones para dar el gran salto, transcurrieron doce meses de entrega absoluta. ¿Estás dispuesto a hacerlo? Estoy seguro de que sí, pero al margen de esto, todo dependerá de la energía, el tiempo y el dinero que inviertas en llegar a ese punto. Resulta un verdadero desafío distribuir tus habilidades de manera que todas las partes involucradas reciban un resultado de calidad, pero es posible hacerlo. Solo pon atención a las necesidades de cada cliente y toma acciones concretas para satisfacerlas.

En las páginas que estás por leer, te hablaré de tres aspectos esenciales en los que puedes apalancar tu actividad diaria, tanto personal como profesional, para convertirte en ese especialista independiente que tiene todas las características y actitudes para gestionar su propio negocio, indistintamente de las plataformas digitales y otros intermediarios. Segmentos como Iguala tus ingresos como freelancer a tu salario fijo, Ejercita tu mentalidad y Establece hábitos de éxito (donde haré algunas observaciones sobre 4 hábitos que me fueron de gran ayuda para preparar el gran salto) son la esencia de este capítulo, preparado y construido para que mi experiencia te ayude a obtener resultados parecidos e incluso superiores. Como es bien sabido, todas las experiencias son distintas, pero trabajo para que la tuya sea superior desde cualquier punto de vista.

Conforme sepas adaptar estas herramientas a tu vida, te garantizo que tus probabilidades de éxito serán tan significativas como increíbles. Todo dependerá, en última instancia, de tu compromiso contigo mismo y con ese propósito vital que te has trazado.

Iguala tus ingresos como freelancer a tu salario fijo

Todos los freelancers exitosos comparten un rasgo en común: todas sus acciones son debidamente pensadas y razonadas. No tiene sentido arrojarse al vacío sin considerar una serie de elementos que, en sumatoria, definen tus posibilidades de éxito. Si en la actualidad estás empleado en una empresa y dedicas un horario especial por las noches para trabajar en proyectos independientes, no olvides nunca que la finalidad es conseguir una independencia absoluta, lo que implica deshacernos de los intermediarios y gestionar nuestros proyectos con una visión ganadora. La mentalidad, en este aspecto, juega un papel fundamental. En lo personal, me gusta recomendar a las personas que miren los golpes de suerte como escenarios de Hollywood. Tú estás en una realidad fuera de las salas de cine, por lo que cada uno de tus pasos deberá ser comedido y prudente.

Hubo muchas noches en el que, haciendo un balance rápido, tuve la tentación de renunciar al trabajo y dedicarme exclusivamente a mis proyectos en Workana. Sin embargo, pospuse esta decisión porque no estaba del todo seguro con arrojarme al vacío sin paracaídas. Cuando te digo que las decisiones deben ser inteligentes y bien razonadas hago referencia a que, aunque te esté yendo bien como freelancer, tienes que evaluar todos los aspectos que intervienen en este proceso. La métrica que yo utilicé para dar el salto fue equiparar mis ingresos. Decidí, pues, que hasta que no se igualaran mis ingresos como freelancer a mi salario fijo en la agencia de marketing digital, no renunciaría a esta última para dedicarme de lleno a los proyectos personales.

Hoy día agradezco haberme impuesto esta condición. No imaginas la cantidad de colegas que han fracasado estrepitosamente luego de abandonar sus cargos con salario fijo, convencidos de que un mes muy rentable le brindara la ilusión de una rentabilidad sostenida. Esta es la pregunta que tienes que hacerte: ¿mis ingresos en la plataforma son constantes o representan un golpe de suerte que puede esfumarse en cualquier momento? Yo mismo llegué a preguntarme esto cuando pasaba semanas excelentes en Workana.

> En lo personal, me gusta recomendar a las personas que miren los golpes de suerte como escenarios de

Dicho esto, agregué dos nuevos elementos al algoritmo: "sostenibilidad" y "proyección". Esta sería, a partir de ahora, mi trinidad. No renunciaría a la agencia de marketing digital hasta tanto se dieran estas tres condiciones. A continuación una pequeña explicación para que entiendas más claramente de qué van estos tres elementos de mi algoritmo personal.

- Igualdad de ingresos entre el trabajo freelance y el sueldo fijo: la idea es que generes más ingresos que lo devengado como trabajador a tiempo completo. Sin embargo, una base inicial adecuada es la referencia del sueldo fijo. Solo cuando hayas conseguido igualar tus ingresos freelance a tu sueldo fijo, podrás evaluar el resto de elementos de este algoritmo. Piénsalo por un instante, ¿qué sentido tiene abandonar tu sueldo fijo cuando ni siquiera has conseguido igualar este monto en lo concerniente a tus ingresos como profesional independiente? Mi recomendación es que todos tus pasos apunten a alcanzar la solvencia financiera. Esto implica no echar al basurero tu contrato a tiempo completo hasta tanto no te demuestres a ti mismo que eres capaz de vivir como freelancer.

- Sostenibilidad: una vez que hayas alcanzado el punto anterior (equiparar ingresos como freelancer al ingreso fijo), es el momento de analizar el comportamiento de todos tus proyectos e ingresos independientes contra la constante de tu sueldo fijo. Esta simple fórmula te permitirá tener una idea mucho más sólida de cómo se está desarrollando tu carrera en el mundo del freelance. El objetivo de este análisis es identificar si tus ingresos son sostenibles, si se mantienen en un nivel significativo durante tres meses. Creo que 3 meses es una medida bastante uniforme para sacar conclusiones más o menos definitorias.

- Proyección: identificar un ritmo constante en tus ingresos como freelancer es una buena noticia, pero no es concluyente. Si transcurridos tres meses no has sufrido algún bajón importante, es el momento de realizar proyecciones. Proyecciones de acuerdo a los proyectos que has terminado, a los que te encuentras gestionando y, en última instancia, a la relación que has establecido con tus clientes. Por ejemplo, si durante 3 o 4 meses has tenido un cliente fijo que siempre se manifiesta satisfecho con tu trabajo, es posible que este cliente se vaya contigo en caso de que abandones la plataforma. Ganar lealtades es el resultado de un servicio de calidad.

Ejercita tu mentalidad

En principio, ¿cuál es tu principal motivación al momento de tomar la decisión de hacerte freelancer? Cada vez que hago esta pregunta surge una respuesta casi unánime: la posibilidad de obtener más ingresos, de no poner límites al dinero que semanalmente llega a nuestras cuentas bancarias. El factor dinero es uno muy importante, pero no es el único. Muchas personas deciden entrar al freelance para probarse a sí mismos que son capaces de mantenerse bastante bien sin la necesidad de poner límites a sus ingresos pero también al tiempo de entrega. Sea cual fuere tu respuesta a esta interrogante, como profesional independiente necesitarás una mentalidad lo suficientemente sólida como para enfrentar las malas rachas.

Si bien es cierto que estás preparándote para conformar una robusta cartera de clientes, conviene recordar que la única constante en el mundo es el cambio. Ahora, ¿estás bien preparado para enfrentar los "subibajas" que se presenten? Todo proceso que ejercites en tu vida está atado a posibles fluctuaciones, por lo que los llamados "subibajas" siempre serán una posibilidad, independientemente del escenario en el que pienses. Lo importante, pues, es desarrollar una mentalidad fuerte, racional, en el que esta posibilidad sea contemplada con antelación para que no nos afecte demasiado cuando suceda. No te dejes engañar por tus emociones, úsalas a tu favor. Es sabido por todos que cuando nos topamos con obstáculos inesperados podemos sentirnos mal, impotentes, tristes, desmotivados. Este es el principal error que fomenta la caída de los freelancers.

La buena noticia es que la mentalidad puede ser perfeccionada, ejercitada como si se tratase de un músculo. Recuerda que la clave del éxito pasa por tener una mentalidad y un conjunto de actitudes orientadas y claras en torno a un propósito bien definido. Cualquier interrupción de este "proceso" afectará negativamente tus probabilidades de superar dificultades o, en su defecto, de capitalizar los obstáculos hallados en el camino. Desde el primer instante en que optamos por hacernos freelancers, nos hacemos responsables de nosotros mismos, de nuestras misiones y proyectos. Hacerte consciente de esta realidad es un paso fundamental para resolver incluso la situación más enrevesada.

John C. Maxwell, renombrado orador y escritor, recomienda cambiar los pensamientos para que estos, a su vez, cambien las actitudes. Esto es lo que te propongo en este segmento: en la medida en que trabajes en tu mentalidad, entendiendo que se presentarán malas rachas tarde o temprano. El quid del asunto es, ¿cómo reaccionarás cuando esto suceda? En una observación del libro Lo que marca la diferencia, se puede leer lo siguiente:

> La mente humana tiene un tremendo poder en nuestras vidas. Lo que capta y mantiene nuestra atención determina nuestras acciones. Por esta razón, el lugar donde nos encontramos hoy en día es el resultado de los pensamientos dominantes que están

en nuestras mentes. Así también, la manera en que pensamos determina nuestras actitudes. Pero como ya lo he dicho, la buena noticia es que tú y yo podemos cambiar eso. Tú puedes controlar tus pensamientos, y debido a eso, tú puedes controlar tu actitud.

El poder de nuestros pensamientos es increíble. Si me preguntas, yo siempre tuve la certeza de que podía ayudar a otros a entrar en el freelance. Para ello, utilizaría mi herramienta más preciada: mis capacidades creativas. Lo que me hacía falta para ofrecer un producto mucho más idóneo era la experiencia. Ahora que la tengo, siento la responsabilidad de hablarte de mi camino hacia la cima del freelance con lujos y detalles. Los pensamientos, pues, tienen el poder de transformar nuestras realidades objetivas. Una estructura mental fuerte te ayudará a solventar cualquier inconveniente que encuentres en tu ejercicio como profesional independiente. Teniendo en cuenta, en todo momento, que como freelancers debemos tomarnos la carrera con toda la seriedad del caso. Estudiar, mantener una formación constante, son actitudes neurálgicas en este maravilloso mundo.

Establece hábitos de éxito

Partamos desde el mismo concepto general: ¿sabes lo que significa la palabra hábito? Para no entrar en demasiados detalles, se trata de todos esos comportamientos que hemos aprendido a través de la repetición. Cada acción que llevamos a cabo, independientemente de sus dimensiones, genera en nosotros una "conexión neuronal". Esta conexión se hace consolida con cada nueva repetición, adhiriéndose así a nuestro sistema de automatismos mentales. Estas conexiones neuronales son la respuesta inmediata de nuestro cerebro ante determinadas circunstancias. Por lo tanto, deshacernos de un hábito puede tornarse un verdadero desafío, ya que estamos eliminando la configuración mecánica de nuestra mente para incluir un nuevo sistema de acciones.

Ahora que tienes claro que la mente es tu herramienta perfecta, ¿por qué no gestionarla de forma adecuada, orientándola hacia tu propósito como individuo? Muchos de los hábitos que hoy mantenemos activos en nosotros provienen de un pasado que ya no recordamos de forma consciente. Condicionamientos, fobias, asociaciones que se confirmaron en conexiones neuronales en nuestra infancia o adolescencia, y que se han quedado con nosotros en nuestra etapa adulta. Existen hábitos o conductas que afectan negativamente nuestro rendimiento, productividad o manejo de oportunidades. Los expertos de las finanzas personales han determinado una serie de comportamientos que afectan a la mayoría de las personas que atraviesan inconvenientes económicos. Entre ellos:

> Los pensamientos, pues, tienen el poder de transformar nuestras realidades objetivas.

- No cultivar el hábito del ahorro.
- Gastar demasiado dinero en gratificaciones efímeras.
- Hacer caso omiso de las deudas.

No obstante, un altísimo porcentaje de nuestros resultados actuales (tanto en lo profesional como en cuestiones más subjetivas como la vida social o la amorosa) encuentran explicación en el conjunto de hábitos nocivos que albergamos en nuestro interior. Por lo tanto, como es de esperarse, hay conductas y prácticas que realzan tu productividad, que te ayudan a rendir al máximo de tus capacidades, a crecer a niveles insospechados. Lo que diferencia a una persona exitosa de alguien que no ha conseguido serlo es su actitud frente a las adversidades. Mientras que unos ven problemas, los otros encuentran en cada pequeño tropiezo una oportunidad de seguir creciendo. Esto también es un hábito, de allí la importancia de desarrollar hábitos que vayan de la mano con tus objetivos de vida.

James Clear, escritor del libro Hábitos atómicos, nos dice lo siguiente:

> Los hábitos crean el fundamento de la maestría. En ajedrez, no es hasta que los movimientos básicos se dominan de manera automática cuando los jugadores pueden concentrarse en el siguiente nivel del juego. Cada trozo de información que se memoriza abre el espacio mental para pensamientos más esforzados. Esto es verdad para los proyectos de cualquier tipo. Cuando aprendes los movimientos básicos tan bien que puedes desempeñarlos sin pensar, entonces estás libre para poner atención a detalles más avanzados. De esta manera los hábitos se convierten en la columna vertebral de toda búsqueda de excelencia.

He preparado una pequeña lista de 4 hábitos que deberás establecer para alcanzar la excelencia como freelancer en un mundo donde la competitividad es colosal e inclasificable. Una vez que hayas empezado a trabajar en estos hábitos mantendrás un ritmo de trabajo adecuado, funcional, para cumplir los tiempos de entrega de todos los proyectos que conectes, tanto en las plataformas digitales como en tus siguientes pasos como profesional independiente.

Planifica tu tiempo

Si sientes que el tiempo se te escapa de las manos, es porque no estás dándole el uso adecuado. El tiempo es el recurso que se ha repartido con más equidad y justicia en todo el mundo. No importa si eres el hombre más rico del mundo o un pequeño niño que juega a las escondidas en un barrio pobre de Detroit; si eres el último ganador del premio Nobel de medicina o una madre que lleva a su hijo a consulta pediátrica; si te ha ido maravillosamente bien en la vida o si aún estás buscando algunas respuestas que consideras necesarias. Independientemente de la situación en que te encuentres, de tus condiciones físicas, económicas o psíquicas, todos tenemos un cheque diario de tiempo de 24 horas que deben ser gastados cada día.

La planificación del tiempo es un hábito presente en todas las personas exitosas. La razón por la que su uso es tan importante es porque te haces consciente de que cada minuto que inviertes en la concreción de tus objetivos es un minuto de aprendizaje y avance hacia el norte que te has propuesto alcanzar. Cuando tomamos este hábito, actuamos desde la prevención. Hay quienes prefieren hacer una planificación a razón del próximo mes, de la próxima semana e incluso diaria. Independientemente de cuál sea el método con el que te sientas más cómodo, al planificar te sitúas en escenarios posibles o viables, lo que a su vez te será de gran ayuda para establecer planes alternativos en el caso de que los originales se salgan de lo previsto.

Cuando hablo de la planificación del tiempo, me parece correcto hacerlo desde una visión muy específica que tiene que ver con el control de tu vida. Si te fijas en tu entorno, quizá consigas a alguien que parece siempre estar apurado, alguien a quien el tiempo siempre le queda corto. Si algo puede concluirse al toparnos con personas así es que no tienen el control total de sus vidas. Tú, por el contrario, estás leyendo esto porque te interesa tomar las riendas.

Para ello, eliminar el "factor azar" es fundamental. Si bien es cierto que no podemos predefinir lo que ocurrirá en el futuro, si podemos posicionarnos en circunstancias factibles y concebir un plan "B" para enfrentarla. Lo maravilloso de la planificación, en este sentido, es que te dará la opción de pensar tu plan alternativo con cabeza fría. Para nadie es un secreto que cuando una situación negativa nos toma por sorpresa, nos dominan emociones que tendrán una incidencia negativa si actuamos desde esa emotividad. Por ejemplo, cuando estamos llenos de rabia por algo, no pensamos claramente, por lo que toda decisión que tomemos será errática, distorsionada, deficiente.

Como escribiera Jeroen Sangers en su libro *Tiempo efectivo*: *Si aceptas que estás trabajando en la niebla, sabrás que planificar con muchos detalles no tiene sentido. Basta con tener claro a dónde quieres llegar y conocer todas las opciones disponibles en este momento. Es mejor tomar las decisiones sobre la marcha.* El tiempo puede ser tu gran aliado el más inmisericorde de los enemigos. La pregunta es: ¿de qué lado del juego quieres estar? ¿Prefieres la eterna sensación de que el tiempo es insuficiente para realizar tus tareas o, por el contrario, estás más familiarizado con la idea de que es posible organizar tu tiempo para que exista un espacio en tus días para cada pequeña actividad?

Aprendizaje constante

Lo he referido anteriormente, la formación constante es el único camino posible para que perfecciones cada una de tus habilidades. Recuerda que, como profesional independiente, estás expuesto a que una serie de malas decisiones o proyectos mal ejecutados arrastren tu reputación al fondo de un abismo del que difícilmente conseguirás salir. A diferencia de aquella época en que mis errores repercutían en la marca de la empresa para la que trabajaba (nunca para mí), como freelancer soy mi propia marca. Cada proyecto es una oportunidad no solo de obtener mejores ingresos, sino de enseñarle al mundo (cliente, colectividad) mis capacidades para presentar un servicio de una calidad superlativa.

De allí la importancia y el énfasis en no descuidar nunca tus habilidades. Incluso el más virtuoso de los hombres necesitará, cada cierto tiempo, aprender nuevas técnicas, nuevos enfoques, nuevas visiones que le ayuden a adaptarse a un mundo que no para de cambiar, de girar, de transformarse constantemente. Si, como yo, has identificado que tus competencias técnicas más comercializables son la escritura creativa o profesional, entonces enfócate en este sentido. No he conocido al primer escritor fantasma o copywriter que no se encuentre siempre en un interminable proceso de aprendizaje. Basta que tomes a cualquiera de los profesionales de tu plataforma favorita y hagas una encuesta general para que te des cuenta de ello.

Cursos online, diplomados, simposios, conversatorios especializados, talleres, estos formatos didácticos son el caldo de cultivo del profesional independiente. Hace poco, en un ensayo que realicé sobre el tema, descubrí que un alto porcentaje de las personas alimenta la equivocada creencia de que solo las áreas tecnológicas necesitan un constante aprendizaje en aras de los fulgurantes cambios que se presentan cada día en la industria. Es totalmente cierto que las nuevas tecnologías han repuntado y que, con cada jornada, una nueva aplicación, un nuevo lenguaje de programación surge. Sin embargo, no es el único caso. De hecho, todos los oficios y profesiones requieren de un aprendizaje sostenido. Escritores, médicos, traductores, profesionales del marketing digital, de la publicidad, de la Big Data.

> No he conocido al primer escritor fantasma o copywriter que no se encuentre siempre en un interminable proceso de aprendizaje

Este mito, que carece de todo fundamento científico o estadístico, nos permite entender una realidad distorsionada que ha calado profundamente entre las personas. Ahora bien, tú estás en este momento formándote en todo lo concerniente al freelance. Por lo tanto, de una u otra manera estás perfeccionando tus habilidades (no técnicas) sino de afrontamiento. Toda la información contenida en las páginas anteriores, y en las que siguen, apuntan a mejorar tus condiciones de vida a través de una serie de observaciones referentes al trabajo independiente. Pero, así como tú has escogido leer este libro para tu aprendizaje, hay quienes optan por métodos menos tradicionales como investigaciones encubiertas, trabajos de campo, entre otros. La forma, al menos en este caso, pierde peso frente al fondo. Y el fondo no es otro que aprender, aprender cada día como si fuese el último.

Administra sanamente tus finanzas

El mundo del freelance es maravilloso en muchos sentidos. En primer lugar, porque te permite empoderarte de acuerdo a tus habilidades; en segundo, porque es una posibilidad tangible de generar ingresos desde un enfoque independiente, fuera de la zona de confort limitada y limitante que suponen los contratos a tiempo completo como empleado. ¿Pero qué pasa cuando nunca hemos adoptado la responsabilidad de nuestras finanzas personales? Cuando renuncié a la empresa de tecnología, en mi país, tenía una noción básica de los métodos y premisas fundamentales en el manejo de las finanzas. Aun así, tomé la decisión de dar ese primer salto por el que hoy me siento profundamente agradecido.

La intuición es uno de los instrumentos más importantes en la constitución de un líder exitoso. En el caso de las finanzas personales, es preferible dejar a un lado la intuición e irse por caminos mucho más seguros. Es preciso entender la relevancia del manejo de una inversión para no dar pasos que puedan devenir en una estrepitosa caída. Se trata, en definitiva, de un tema muy sensible. Lo ideal, pues, es que te desprendas de cualquier aspecto que pueda suponer subjetividades que terminen por complicar el asunto. En otras palabras, analiza cada aspecto con toda la objetividad del caso.

Si tienes un amigo contador, puedes pedirle algunos consejos básicos para llevar tus finanzas. Si no es el caso, siempre tendrás las opciones de la literatura de crecimiento personal, en cuyos anales encontrarás una buena cantidad de libros especializados en torno a este tema. En todo caso, cualquier estrategia que apliques deberá tener una finalidad precisa: ayudarte en los primeros pasos. Esto quiere decir que más temprano que tarde deberás tomar la responsabilidad entera del asunto. Después de todo, eres un profesional independiente, ¿no?

Al margen de las estrategias que decidas al momento de poner en práctica una administración de tus finanzas saludable, la esencia radica en una toma de decisiones orientadas a mejorar tus condiciones de vida. Personalmente, lo primero que hice fue determinar a los ladrones de tiempo que estaban enquistados en mi estructura de pensamientos. Descubrí, en este sentido, que me costaba mucho ahorrar dinero. Trabajé concienzudamente para cambiar este mal hábito por su contraparte, el ahorro.

Ahora bien, en el contexto del freelance, existe otro elemento que deberás tener en cuenta: la inversión. Mi recomendación es que inviertas, siempre que puedas, en tu propia capacitación como profesional. Si hablamos del servicio que ofrecemos como la médula espinal de nuestro éxito, entonces todas las acciones dirigidas a su perfeccionamiento representarán mejoras significativas en términos económicos, de calidad y posicionamiento de la marca que representas dentro de las plataformas.

Cuida tu salud

Tu cuerpo es tu templo. Esta es posiblemente la frase popular más cierta de todas cuantas escuchamos a diario. Nuestra salud es fundamental para ofrecer un servicio de calidad, por lo tanto, te recomiendo que te tomes esta con especial atención. Es cierto que cuando entregamos muchas horas de trabajo a diversos proyectos al unísono, tendemos a construir un estilo de vida sedentario que nos jugará en contra si así lo permitimos. Después de todo, ¿cuántas horas al día podemos pasar frente a un ordenador trabajando en el requerimiento de un cliente? Independientemente de tu área profesional, de aquello a lo que te dediques, tu salud juega un papel determinante para mantenerte siempre a un buen ritmo de trabajo.

Muchas veces nos descuidamos a nosotros mismos bajo justificaciones que carecen de todo fundamento. Los seres humanos somos los únicos animales sobre la faz de la tierra con la capacidad de autoengañarnos, de allí que nos digamos cosas como "quizás hoy no dormí lo suficiente, pero mañana intentaré descansar mejor", "olvidé cenar, mañana compensaré esto" o "no tengo tiempo para ejercitarme físicamente, apenas termine el proyecto me inscribo en un gimnasio". Estas justificaciones, construidas sobre la base de la procrastinación, más temprano que tarde tendrán una incidencia negativa tanto en la calidad del servicio que ofreces, como en la productividad e incluso en la entrega puntual de tus proyectos. De allí la importancia de tratar a tu cuerpo y a tu mente como lo que son: vehículos para llegar a la cima. Si no cuentas con tus facultades físicas o mentales intactas, tendrás un carro al que le falta combustible o que no avanza por un sinfín de fallas mecánicas.

Si quieres empezar a cuidar tu salud desde hoy mismo, presta atención a las siguientes recomendaciones:

Alimentación balanceada: una alimentación balanceada te proveerá de todos los nutrientes, vitaminas y minerales que necesita tu cuerpo para funcionar adecuadamente. En la medida en que organices tus dietas de acuerdo a este precepto, no tendrás inconvenientes físicos más allá de cualquier virus irrelevante. Lo importante, pues, es que no satures tu cuerpo de grasas, azúcares. También cuida mucho tus niveles de colesterol y triglicéridos, ya que estos son indicadores que trabajan silenciosamente. Para completar este cuidado a tu alimentación, agrega una consulta médica de rutina al menos cada tres meses para comprobar que todo está funcionando de acuerdo a lo esperado.

De allí la importancia de tratar a tu cuerpo y a tu mente como lo que son: vehículos para llegar a la cima.

Mantente hidratado: el vital líquido, como se le llama, es otra de las razones por las que nos mantenemos fuertes y saludables. No caigas en la tentación de sustituir el agua por bebidas edulcorantes, gaseosas o cualquier otra bebida carbonatada. Se sabe que estas bebidas, en exceso, constituyen un verdadero problema para nuestra salud, principalmente por la cantidad ingente de azúcares con que son fabricados para nuestro deleite.

Evita el sedentarismo: en la actualidad, es cada vez más frecuente que las personas se sumerjan en un estilo de vida sedentario, inactivo, caracterizado por mantenerse por prolongados lapsos de tiempo en la misma postura. La Organización mundial de la Salud (OMS) afirma que al menos el 60% de la población mundial se encuentra atrapada en esta dinámica. Imagina cuántas complicaciones de salud puede esperar alguien cuyo estilo de vida se basa en la falta de actividad física. Algunas de las consecuencias más peligrosas del sedentarismo son: obesidad mórbida, diabetes, sobrepeso, colesterol. La recomendación general para evitar el sedentarismo es el ejercicio físico.

Establece pequeñas rutinas de ejercicio físico: sí, es posible evitar el sedentarismo. Solo necesitarás unas pequeñas rutinas diarias de ejercicio físico. No es necesario que te inscribas en un gimnasio y compres costosísimos aparatos para ejercitarte en casa. Se ha determinado que uno de los ejercicios más completos que puede realizar una persona es el que menos necesita de herramientas ni entrenadores: trotar. Correr es una posibilidad inmediata que está al alcance de nuestras manos. Si no dispones de un espacio adecuado cerca de tu residencia para hacerlo, puedes ir a un parque y dedicar un par de horas para ejercitarte. También tienes la opción de descargar una aplicación que te oriente sobre rutinas fáciles de hacer en casa. En todo caso, el movimiento es la solución al sedentarismo y, en consecuencia, a todas las enfermedades asociadas a este.

Capítulo 5
La hora del siguiente nivel

Siempre tuve claro mi propósito: ser un profesional independiente exitoso. Para ello, trabajé concienzudamente en todo lo concerniente al mundo del freelance. Esto significó prolongadas jornadas estudiando todas las distintas dinámicas que intervienen en el proceso. No fue sencillo, pero te puedo garantizar que cada hora invertida en el análisis de estos elementos han hecho que el esfuerzo valiera la pena. Hoy día soy un freelancer exitoso, con un estilo de vida claro, metódico, que me ha valido infinidad de buenas noticias desde el primer día hasta la actualidad. En este sentido, cada acción que tomé, pequeña o grande, apuntó siempre a la consecución de mis objetivos personales.

Es posible vivir (y vivir bien) como freelancer. Son cientos los testimonios que así lo confirman, dentro de los que orgullosamente puedo incluirme. Sin embargo, el compromiso y la determinación que este mundo exigen son superlativos. Esto explica que no todos consigan tener éxito. En lo personal, fue un proceso duro que me permitió, así mismo, fortalecer mi autopercepción y autoconfianza. Ahora bien, desde el primer día en que tomé este camino, lo hice con la idea más que clara de que sería totalmente independiente. Esto supone, desde luego, eliminar los intermediarios. Entendiendo, pues, que los intermediarios son todas estas plataformas digitales referidas en el segundo capítulo. Si bien es cierto que al principio todas las páginas como Workana, Nubelo o Fiveer son imprescindible para generar una cartera de clientes (siempre desde un servicio de calidad, esto tenlo siempre claro), no es el fin al que aspira un profesional independiente con visión ganadora.

Hoy día soy un freelancer exitoso, con un estilo de vida claro, metódico, que me ha valido infinidad de buenas noticias desde el primer día hasta la actualidad.

Y, como mi propósito nunca fue pasar de un tipo de dependencia laboral a otra, era cuestión de tiempo para que diera un paso al siguiente nivel. No fue fácil pero, ¿es posible que algo realmente valioso lo sea? Durante dos años de trabajo minucioso y comprometido, finalmente tomé la decisión más trascendental en mi carrera como freelance: consolidar la independencia. Así lo entendí desde el principio. Sin embargo, como entiendo que a la cima se llega paso a paso, primero enfoqué mi atención a desempeñar proyectos cada vez de mayor importancia, atrayendo a clientes con un servicio óptimo, intachable. Me apalanqué en las facilidades que ofrecen las plataformas digitales, pero tras dos años de carrera freelance y un año después de abandonar mi trabajo en la agencia de marketing, me sentía absolutamente preparado para dar el paso al siguiente nivel.

Pero, ¿en qué consistirían esos pasos siguientes que me garantizarían la independencia total? Se trata de 3 pasos fundamentales para depender menos de las plataformas digitales. A estas alturas, seguro ya has reconocido que el camino a veces presenta dificultades de distintos tipos. Aunque tu experiencia dentro de las páginas webs para freelancers sea exitosa, recuerda la razón que la razón principal por la que este tema te interesa es por la posibilidad de ser enteramente independiente, esto incluye depender menos de los intermediarios. La buena noticia es que he preparado una serie de observaciones pertinentes acerca de los 3 pasos que te llevarán al siguiente nivel dentro de tu carrera como profesional independiente.

Los tres segmentos presentados en las próximas páginas (*Crea tu página de servicios, Reúne un equipo para la prestación de tu servicio, Invierte en atraer más clientes a tu página de servicio*s) constituyen el corpus de una independencia que empieza a materializarse más notoriamente. Son estrategias que, puestas en marcha, harán de ti algo más que un freelancer como los miles que hoy pululan en las páginas webs. Te hará un empresario con todas las de la ley. En otras palabras, una oportunidad de éxito que adquiere forma con cada nueva acción que orientes hacia la consecución de tus metas.

Crea tu página de servicios

Una página de servicios es un portal que exportará tu marca personal hacia otros senderos antes inexplorados. Una vez que hayas tomado la decisión de pasar al siguiente nivel, lo primero que tendrás que hacer es pensar y reflexionar en torno a la idea de tu primera página. Para muchos freelancers, este es un momento maravilloso porque representa un salto fundamental y fundacional en relación a la independencia total. Llegado este punto, el profesional ya ha conseguido todas las pautas referidas en el capítulo anterior: equiparar el sueldo fijo a los ingresos como freelancer, ejercitar la mentalidad para que no te afecten los subibajas intrínsecos del proceso independiente y, en última instancia, tomar hábitos característicos de una persona exitosa.

Pues bien, todos estos atributos ya están plenamente identificados y perfeccionados al momento de pensar en tu primera página de servicios. En mi caso, que me dedico a la escritura fantasma y al copywriter, desarrollar mi propia página habría sido un error colosal. En primer lugar, porque no es mi área de experticia; en segundo lugar porque no tiene ningún sentido jugar con lo que se convertirá en mi entrada a un sinfín de nuevas oportunidades. Mi recomendación es que, una vez que tengas la idea bastante clara en tu cabeza, contrates los servicios de un profesional especializado en páginas de servicios. Si, por el contrario, tú eres ese profesional, entonces no existe otro experto más idóneo para materializar esa idea que tanto has pensado en tu mente.

Otra de las recomendaciones que siempre ofrezco a quienes están interesados en tener una página de servicios de calidad, es no caer en la tentación de utilizar páginas en sitios gratuitos. Este tipo de plataformas a menudo no te ofrecen la experiencia y la calidad que necesitas para llevar a tus clientes una página con todas las características e indicadores de un profesional exitoso. Mucho tiene que ver, en este sentido, la forma en que nos movemos en el mar de posibles clientes. ¿Qué pensarías de un profesional que opta por un servicio gratuito para publicitar sus servicios especializados? En efecto, lo primero que pensamos es que no es el indicado. Esto porque asociamos la imagen proyectada con éxito. Quien no puede pagar por una página profesional, seguramente no es tan bueno como afirma.

De manera que, todo cuanto implique la creación de tu página de servicios debe estar plenamente respaldado por los profesionales adecuados. Debes hacerte consciente de que un producto de valor es costoso. La mentalidad de éxito te llevará a invertir todo cuanto consideres necesario para que el resultado final sea de tu total satisfacción. Esto incluye asesorarte con expertos en distintas áreas. Por ejemplo, en lo relacionado a la interfaz gráfica, necesitarás los servicios de un diseñador front end del mismo modo que el respaldo trasero de la página será programado por un back end. Existen programadores que se han especializado en ambas áreas. Lo importante, aquí, es que cuentes con el mejor equipo.

Especialistas en experiencia de usuario, copywriters (en caso de que tú no lo seas), de marketing digital. La pericia y el dominio de este tipo de profesionales harán que la experiencia de tu página de servicios sea única e inigualable.

Reúne un equipo para la prestación del servicio

El freelance es un mundo increíble, lleno de una cantidad ingente de oportunidades para todos esos profesionales que buscan independizarse poco a poco a través de la capitalización de sus destrezas y habilidades. En la actualidad, cada vez son más las personas que dedican tiempo de calidad para proveerse ingresos adicionales desde cualquiera de las muchas plataformas digitales que existen en el mundo. El crecimiento de este tipo de plataformas se ha basado en una necesidad objetiva: una importante gama de clientes, con necesidades técnicas específicas, requieren servicios especializados para resolver sus problemáticas. Ahora, ¿es el freelance un círculo por naturaleza hermético? O, dicho de otra manera, ¿tener una buena cantidad de proyectos e ingresos desde Workana es el último paso? ¿Hay otros niveles que podríamos explorar?

Durante mi trayectoria en workana he sido reconocido en infinidad de ocasiones. Hoy día, ostento el nivel Hero y soy Partner. Esto significa que tengo una reputación lo suficientemente sólida como para que la plataforma contrate mis servicios de redacción, además de dirigirme clientes que han llamado directamente a la empresa solicitando diversos servicios relacionados a creación de contenido focalizado y de calidad. Hoy día, solo existen 7 parnerts escritores, lo que me da un estatus importante dentro del mundo workana. Sin embargo, que yo haya conseguido tantos reconocimientos, un avance tan significativo, no significa en absoluto que he llegado a la cumbre. Siempre es posible llegar más lejos. Esta es la mentalidad que quiero que desarrolles, aprovechando mi experiencia.

Como siempre he tenido claro que mi objetivo es convertirme en uno de los emprendedores más importantes en relación a mi área de experiencia, nunca contemplé la posibilidad de quedarme en la zona de confort de una plataforma que ha reconocido sobremanera mi esfuerzo y capacidad. Por lo tanto, invertí inteligentemente en la creación de una página de servicios para, acto seguido, constituir un equipo de trabajo con destrezas y habilidades exportables que agregaran valor a los servicios que ofrezco desde mi página. En este sentido, es fundamental que reúnas un equipo para la prestación de un servicio de calidad. Esto representa muchas cosas, primeramente que no te pones límites como profesional independiente, también que tienes una mentalidad de emprendimiento en la que apalancarás todas tus decisiones dentro de un propósito claro: seguir creciendo.

Si tus habilidades apuntan al desarrollo de programas y aplicaciones móviles, enfócate en captar a los mejores profesionales del área. Debes tener en cuenta que contratar a un profesional experto (tan experto como para que el servicio de tu marca no se vea deteriorado) es costoso. Lo importante, en este sentido, es que mantengas la mentalidad de inversión. No crece quien no toma decisiones temerarias. Basta echar un somero vistazo a las biografías de grandes referentes como Steve Job, Bill Gates o Walt Disney para entender que el crecimiento es el resultado de acciones concretas e inteligentes.

Ricardo Perret, en referencia a la claridad mental como herramienta de éxito, nos dice:

> Las personas exitosas desarrollan esquemas, momentos y espacios que les permiten acelerar la búsqueda de soluciones. Saben que hay lugares que sólo les estorban para su trabajo mental y otros que lo promueven. En lo personal (poniendo este ejemplo personal no pretendo auto-catalogarme como exitoso), no puedo llegar a conclusiones rápidas de temas emocionales profundos y complejos si estoy encerrado o acostado en la cama, es caminando, aunque sea dando vueltas a la cuadra alrededor de mi casa, como puedo generar opciones, analizarlas y tomar decisiones contundentes en tiempos cortos.

Tu crecimiento será determinado por tus ganas de crecer. Si te acomodas a una situación de relativa comodidad (en tu trabajo con sueldo fijo, en tu buen momento como freelancer dentro de alguna plataforma digital, entre otros) estarás poniendo un techo sobre ti mismo. En lo personal, esta nunca fue una opción. Mi idea es, y siempre será, mantener un crecimiento constante, exponencial, que me permita mejorar mis condiciones de vida y la de mis familiares. Esta es la razón por la que moví mis acciones hacia la reunión de profesionales para fundar una empresa de servicios que repuntara mis posibilidades de éxito.

Invierte en atraer más clientes a tu página de servicios

Tienes que garantizar que tu página de servicios llegue a muchas más personas. Posicionarte dentro de un mercado de profesionales que ofrecen servicios similares puede resultar, en muchos casos, un verdadero desafío. La buena noticia es que el hecho de haber construido tu página de servicios ya te distancia significativamente de aquellos freelancers que limitan su acción a lo que le permite una plataforma digital. Cualquier otra opción debe ser impensable para ti si estimas ser un emprendedor exitoso y con una empresa rentable.

Puedes afincarte en distintas estrategias, pero todas estas tienen que garantizarte un posicionamiento óptimo. La finalidad es atraer más clientes a tu página. Ten siempre presente que llegar a este punto es imposible si no estás dispuesto a realizar inversiones focalizadas. Para ello, tienes la posibilidad de utilizar las redes sociales o los servicios especializados de una agencia de marketing digital. Por ejemplo, Facebook te ofrece la oportunidad de llegar a más personas a través de su herramienta Facebook Ads. Esta red social, de las más importantes en la actualidad no solo en términos de crecimiento sino de nichos de muchos tipos, ha desarrollado esta opción mediante la cual prepara campañas muy variadas entre sí. Es importante, pues, antes de tomar esta opción que tengas muy bien definido lo que buscas, cuál es el objetivo de tu compañía. ¿Likes? ¿Visitas? ¿Compras? ¿Visualización de tu material audiovisual?

Responder a estas preguntas te ayudará a identificar el tipo de público al que dirigirás tus campañas. Facebook Ads trabaja con opciones publicitarias muy variadas: imágenes, videos, canvas, secuencias multimedias, ofertas, entre otras. Son muchas las ventajas que, como emprendedor, obtendrás al aliarte con esta herramienta provista por Facebook.

> Esta es la razón por la que moví mis acciones hacia la reunión de profesionales para fundar una empresa de servicios que repuntara mis posibilidades de éxito.

1. Te ayuda a hacer una segmentación óptima de tus posibles clientes.
2. Puede ser una opción muy económica porque el método de pago es por los clics obtenidos.
3. Te ofrece la posibilidad de establecer una interacción constante y sostenida con potenciales clientes y usuarios de la red.

En cuanto a la metodología, no es en absoluto complicada. Lo primero que tienes que hacer es elaborar las campañas, luego hacer los grupos de anuncios para, posteriormente, proceder con la creación de anuncios. Independientemente del formato que escojas (video, audiovisual, imágenes, gráficas, segmento de noticias, entre otros), cada campaña tendrá como propósito final acercarte a una comunidad totalmente nueva para la que tu servicio puede resultar de especial relevancia.

Para muchos freelancers, el esquema SEO (Search Engine Optimization) puede resultar especialmente complejo por sus tecnicismos. Las agencias de marketing digital son expertas en ayudar a empresas nacientes en estos temas, no obstante puedes hacerlo por tu cuenta siempre y cuando lo hagas con consciencia de que tu propósito es posicionarte frente a la competencia. Una de las recomendaciones básicas en este sentido es fundamental que la información que publiques en las páginas de tu sitio web sea específica y vaya dirigida para satisfacer la necesidad de posibles clientes. Por ejemplo, en lugar de escribir "página de servicios de redacción", utiliza una frase que reduzca el espectro: "ghostwriter especializado en nuevas tecnologías en la ciudad de Medellín, Colombia". De esta manera, quienes visiten tu página de servicios tendrán muy claro lo que encontrarán allí. En esencia, habrás ganado un cliente.

Existen muchas opciones que, como Facebook Ads, te ayudan en la distribución focalizada de campañas publicitarias en esos nichos inexplorados donde muchos proyectos esperan por ser satisfechos por tu empresa. En este sentido, alternativas como la publicidad en otras redes sociales, en agencias de marketing, en plataformas relacionadas, entre muchas otras, te ayudarán a atraer muchos más clientes a tu página.

Capítulo 6
Recomendaciones finales

Las últimas páginas de este proyecto fueron desarrolladas para afianzar lo aprendido a lo largo de los capítulos anteriores. Es posible alcanzar la plenitud financiera y económica a través del freelance. Yo soy un ejemplo bastante representativo de ello. Lo que empezó como un proyecto repleto de inseguridades por las circunstancias externas a las que me enfrentaría, tiempo después me llevó a crear mi propia página de servicios que ha tenido un impacto positivo entre mis clientes. En el ínterin, hubo personas que desdeñaron mi visión, intentaron hacerme creer que no sería posible ser exitoso de forma independiente, con un emprendimiento personal basado en mis talentos creativos.

Requerí de mucha fuerza de voluntad para restarle importancia a esas voces pesimistas. A fin de cuentas, comprendí que solo se trataba de proyecciones, nada más. Los resultados obtenidos hasta ahora me han dado la razón; esta es la premisa que he buscado transferirte en cada uno de los capítulos que componen este libro: es posible pasar de empleado a freelancer sin morir en el intento. De hecho, las probabilidades de que te vaya bien solo están determinadas por tu profesionalismo, tus ganas de seguir creciendo incluso más allá de lo que creías en tu visión inicial.

Para ello, tuve que cambiar algunas prácticas interiorizadas a las que me había acostumbrado tras años de trabajo dependiente en una empresa privada. Hábitos que, de no haber sido sustituidos por conductas mucho más alineadas a mi visión, me habrían mantenido hundido por siempre. La importancia de los hábitos es incuestionable. Tanto la neurociencia como la literatura de crecimiento personal han tomado especial protagonismo al explicarnos que los resultados que obtenemos a diario no es más que el reflejo de las acciones que tomamos día tras día.

En un fragmento extraído del libro Hábitos atómicos, de James Clear, una reflexión sobre este tema:

> La maestría es el proceso de estrechar tu concentración y dirigirla hacia un pequeño elemento necesario para el éxito. Y en repetir esa acción hasta que hayas internalizado esa habilidad, para luego usar ese nuevo hábito como fundamento para avanzar hacia la siguiente frontera de tu desarrollo personal. Las tareas viejas se vuelven más sencillas la segunda vez que las realizas, pero en general, el proceso no se simplifica porque siempre estás usando tu energía para enfrentar el siguiente reto. Cada hábito deja al descubierto el siguiente nivel de desempeño. Es un ciclo interminable.

Los segmentos que te ofrezco a continuación representan una síntesis de lo expresado en cada capítulo. Pequeñas recomendaciones que son, así mismo, tan medulares como la capacidad o las destrezas técnicas de un profesional. *Enfoque, enfoque, enfoque; Capacidad de espera; No te pongas límites y, por último, Inversión inteligente.* Bienvenido, querido lector, a mis últimas recomendaciones para que tu motivación no decaiga en ningún momento del extenuante pero transformador proceso llamado Freelance.

Enfoque, enfoque, enfoque

Se trata de una de las competencias más estudiadas y avaladas por todos los expertos en el campo del desarrollo personal. El enfoque es la capacidad de mantener la mirada puesta en el objetivo al margen de las adversidades y circunstancias a las que nos enfrentamos diariamente. Es un atributo neurálgico en todos los que aspiran llegar a la cima. Al mismo tiempo, es garantía para mantener la motivación alta en todo momento. Si te tomas unos días para leer la biografía de alguno de tus referentes preferidos, notarás que el enfoque es una característica innata en su proceder. En caso contrario, si Steve Job hubiese renunciado a su visión de negocios tras ser echado de su propia empresa, ¿qué crees que habría ocurrido con él? ¿O con Apple?

> Es posible alcanzar la plenitud financiera y económica a través del freelance. Yo soy un ejemplo bastante representativo de ello.

En lo personal, el enfoque fue más que fundamental, vital. Me refiero a que si no hubiese desarrollado un enfoque de acero, me habría derrumbado ante las primeras dificultades de mi experiencia migratoria. El ser humano es capaz de mantenerse firme incluso en los escenarios más desesperantes. Sin embargo, muchas personas se han acostumbrado a la idea de que no es posible. Cualquier sistema de creencias que te corte las alas debe ser suprimido cuanto antes.

A continuación, algunas recomendaciones básicas para mantener tu enfoque en el lugar indicado, independientemente de lo que suceda a tu alrededor:

Presta atención a lo positivo: una de las razones por las que perdemos el enfoque es porque nos centramos únicamente en los aspectos negativos. Estos existen, ¿para qué negarlo?, pero no son más importantes que aquellos atributos o circunstancias positivas que te permiten seguir soñando con tu propósito de vida. Lo que te sugiero es que prestes atención a lo positivo: tienes una habilidad, una visión de negocio, un sinfín de posibilidades tecnológicas para afianzar tu idea, salud y muchas ganas de alcanzar el cielo.

Practica la visualización constantemente: la visualización es un ejercicio que, en lo personal, recomiendo con los ojos cerrados. ¿De qué trata de la visualización? En caso de que no lo sepas, es un ejercicio en el que te concentras en proyectarte en ese lugar en el que quisieras estar cuando consideres la idea del retiro. ¿Una hermosa casa de campo rodeada de mucho pasto y silencio? ¿Acompañado de tus hijos? ¿Con la tranquilidad de tener resuelta tu situación económica y la de tus seres queridos? La finalidad de este ejercicio es sentir completamente las emociones asociadas a estos escenarios imaginados. De esta manera, estarás inyectando una gran dosis de motivación a tu cuerpo y a tu mente. Por lo tanto, el enfoque se verá consolidado a niveles insospechados.

Establece límites de tiempo para tareas esenciales: otra forma de garantizar el foco correcto es poner límites a todas esas tareas o actividades que te acercan un paso a tu meta.

¿Por qué un límite de tiempo? Porque, conscientemente, estarás trabajando para llegar al siguiente escalafón. Conforme cumplas las actividades, te sentirás genuinamente más cerca de la meta. Cada nuevo escalón, un golpe de enfoque importante.

Capacidad de espera

¡Fundamental! Seguramente mi experiencia te habrá enseñado mucho al respecto. A estas alturas ya sabes que, desde que di mi primer paso freelancer hasta que empecé a depender menos de las plataformas digitales transcurrieron dos años. ¡Dos años! Puede que cuando leas este número sientas que es demasiado tiempo. La verdad es que esto dependerá de la determinación de cada persona y, en menor medida, de las circunstancias externas. En lo personal, me parece un número adecuado. Dos años fueron suficientes para madurar, crecer, construir una cartera significativa. En resumidas cuentas, dos años fueron suficientes para que se dieran todas las condiciones esperadas para dar el salto definitivo hacia una independencia total.

Quiero que tú, querido lector, tardes mucho menos. Tengo la certeza de que si hubiese tenido la oportunidad de nutrirme de otras experiencias exitosas, habría evitado algunos traspiés. En todo caso, estoy bastante contento con los resultados obtenidos… ¡pero nunca satisfecho! Porque esa es la diferencia entre un ganador y alguien que aprovechó una buena racha. Mientras que el primero está dispuesto a seguir creciendo en todo momento, el segundo se limita a disfrutar un golpe de suerte, poniendo un techo sobre sí mismo.

Tuve que sacrificar horas de sueño, adaptarme a una jornada laboral que podía extenderse hasta bien avanzada la noche, capacitarme de forma constante para garantizar mejores resultados a mis clientes. Trabajar en una plataforma digital no es sencillo. Sin embargo, creo que lo mejor es utilizar las perspectivas. Fíjate en mí, tómame como referencia: tardé 3 meses en conseguir mi primer proyecto en Workana. Hoy día soy uno de los 6 escritores partners que existen en la plataforma de este monstruo latinoamericano del trabajo freelance. Esto te da una idea de cuán positivo fue, en mi caso, tener una capacidad de espera cónsona con mis objetivos.

No te pongas límites

Siguiendo el mismo orden de ideas del párrafo anterior, ¿por qué crees que abandoné mi zona de confort como un escritor nivel Hero en Workana? ¿Cuál crees que fue mi motivación al momento de prescindir provisionalmente de las facilidades de esta plataforma digital? La razón es una: jamás me permití un límite. Este es el error que ha llevado a muchos profesionales independientes a perder grandes oportunidades de crecimiento. Personalmente, creo que ponerte límites como freelancer es una contradicción incluso conceptual. Después de todo, ¿cuál fue la razón por la que, en primer lugar, quisiste retirarte de tu empleo con sueldo fijo? ¡Exactamente! Porque no te interesaba la idea de generar ingresos y de desarrollar tu creatividad de acuerdo a las barreras y limitantes del mundo corporativo.

Un profesional independiente que sale de la zona de confort del sueldo fijo para caer en la zona de confort del mundo freelance es alguien que está pidiendo a gritos que le encierren en una pequeña oficinita, con todas las comodidades que esto conlleva. Ahora bien, este no fue mi caso. Desde un principio tuve la certeza de que quería ser un emprendedor exitoso, una marca reconocida dentro del mundo de la creación de contenido especializado. Por tal razón, ni el mejor de los reconocimientos por parte de una plataforma digital me sacaría de la cabeza que, llegado el momento, tomaría la decisión de crear mi propia página de servicios, mi propia empresa de contenido.

Lo que intento decirte con esto es que el límite que pongas sobre tu cabeza funcionará como la hoja de una guillotina. Cercenará tu crecimiento sin que prácticamente lo notes porque, claro, estarás tan cómodo en tu nueva situación (sea un trabajo de oficina con sueldo fijo o un estatus dorado en alguna plataforma digital) que no precisarás que es posible mejorar aún más tus condiciones de vida. El freelance fue para mí como abrir una puerta hacia un montón de percepciones nuevas. No solo me probé a mí mismo que era capaz de mantenerme como independiente, sino que he aprendido de tantas formas como puede ser posible.

Inversión inteligente

Mi última recomendación es que no seas mezquino contigo mismo. Si unimos todas las recomendaciones dadas en este capítulo, te darás cuenta que esta última pasa por entender que tu éxito está atado a cada una de las acciones que tomes. Si lo que buscas es acumular dinero sin invertir un solo centavo en ti mismo, en tus habilidades, la dinámica del mundo freelance prescindirá de ti en lo que se presente la mínima oportunidad. ¿Por qué? Porque vivimos en un mundo cambiante donde, incluso la herramienta más automatizada, necesita actualizaciones cada cierto tiempo. Lo mismo ocurre contigo y con esas competencias que has desarrollado empíricamente en los últimos años.

Por lo tanto, mi recomendación es que inviertas inteligentemente. Esto quiere decir: planes de formación, perfeccionamiento de tus competencias, aprendizaje de nuevas técnicas dentro de tu área de profesión. Pero también significa inversión en proyectos a futuro: material logístico, tecnológico, formativo. Y, llegado el momento, no te detengas ni por un segundo a considerarlo: deberás invertir en planes de publicidad, en la contratación de especialistas que te ayuden a manejar de forma más eficiente tu emprendimiento, así como para captar profesionales que te permitan cubrir un volumen de trabajo cada vez mayor, ahora desde tu emprendimiento personal.

www.ingramcontent.com/pod-product-compliance
Lightning Source LLC
Chambersburg PA
CBHW070254220526
45465CB00004B/1616